中外历史对比年表

陈会颖⊙编著

中华书局

图书在版编目(CIP)数据

中外历史对比年表/陈会颖编著. —北京:中华书局,2016. 1
(2024.12重印)
ISBN 978-7-101-11243-6

Ⅰ.中… Ⅱ.陈… Ⅲ.世界史-历史年表 Ⅳ.K108

中国版本图书馆 CIP 数据核字(2015)第 221989 号

书　　名	中外历史对比年表
编 著 者	陈会颖
责任编辑	傅　可
装帧设计	刘　洋
责任印制	陈丽娜
出版发行	中华书局
	(北京市丰台区太平桥西里 38 号　100073)
	http://www.zhbc.com.cn
	E-mail:zhbc@zhbc.com.cn
印　　刷	三河市中晟雅豪印务有限公司
版　　次	2016 年 1 月第 1 版
	2024 年 12 月第 13 次印刷
规　　格	开本/700×1000 毫米　1/16
	印张 11½　字数 130 千字
印　　数	92101-96100 册
国际书号	ISBN 978-7-101-11243-6
定　　价	46.00 元

前　言

　　《中外历史对比年表》是专门为中学生、大学低年级学生和历史爱好者编写的一本普及读物，便于快速、有效、简便地学习和增长中外历史知识。历史学习除了要有浓厚的兴趣，关键是要形成历史思维。而在这一过程中最首要的就是培养时间观，也就是以时间为主脉对历史基本知识框架的建构。年表形式直观条理，无疑是有助于我们实现这一目的的最快速而有效的途径。

　　全书内容以初、高中和大学阶段的通行历史课本为依据，关注中外历史最基本的内容——重大事件、重要人物，同时也适当进行了延伸和拓展。上起远古文明，下迄1949年新中国成立，涵盖政治、经济、军事、科技、文化各领域，力求展现中外历史之全貌。

　　本书具有以下特点：

　　一、按年表形式编写。以时间为线索串联历史，有条理地对重要事件和人物作简单明了的归纳性介绍，便于我们掌握清晰的历史发展脉络，在较短时间内对古今中外的历史大概了然于胸。

　　二、作中外同期比较。按同页左右双栏编排，便于互相参照、对比记忆和理解；使我们既能开阔视野，突破"只知英国者不知英国"的局限，更能生发"知己知彼"和"中外融通"的历史智慧。

　　三、呈现文明进程。内容上兼顾思想文化发展和科技的进步，让我们清晰看到不同历史时期中国文明在世界文明发展中的位置，以此引发对于影响民族国家发展因素的深入思考。

　　四、不追流行风潮。坚持历史编写依据史料说话，反对解构、重评历史，本着论从史出、史由证来的原则，让我们掌握历史精髓。

中国	外国	年代
	■约前4500—前3100年，尼罗河流域王权开始出现，区域性文化逐渐趋向统一。	◀前4500
●约前3500—前2100年，五帝（黄帝、颛顼、帝喾、尧、舜）时代，奠定了中华五千年文明的基础。	■约前3500—前3000年，两河流域城邦形成时期。	◀前3500
●约前3500年，中国人的祖先开始知道了铜的冶铸方法，中国历史发展进入铜石并用时代。	■约前3100年，古埃及国王美尼斯创建了第一王朝，统一国家形成。	◀前3100
	■约前3000—前1800年，印度河流域出现城市国家，使用铜器，文字产生。	◀前3000
	■约前3000年，爱琴海中最大的克里特岛，已向青铜文化过渡。	
	■约前2900—前2300年，两河流域南端的苏美尔地区城邦林立，互相争霸。	◀前2900
	■约前2686—前2181年，埃及古王国时期，开始修建金字塔，又称"金字塔时期"。	
	■约前2371—前2191年，阿卡德王国，两河流域第一个统一王朝。	

年代	中国	外国
前2100	●约前2100年，禹创建夏王朝，这是中国历史上第一个统一的王朝。	
	●约前2070年，启（禹之子）得帝位，废除禅让制，建立王（皇）位传子的世袭制度，这一制度在中国历史上延续数千年之久。	■约前2000—前1400年，克里特文明，克里特岛上的米诺斯人建立起统一王朝，以克诺索斯为首都，有宏伟宫殿建筑，使用线形文字。
	●约前1900年，太康失国，后羿"因夏民以代夏政"。	■约前1894—前1595年，古巴比伦王国，统治区域从波斯湾到地中海。
	●约前1850年，少康复国，施行德政，发展国力，国势逐渐强大，出现"少康中兴"，夏王朝进入鼎盛时期。	
	●夏朝时期，已经出现货币，青铜制造业有较大发展。	
前1600	●约前1600年，商汤灭夏，建立中国历史上第二个统一王朝。	
		■前1550—前1069年，埃及新王国时期，致力于对外扩张，成为近东世界的强大帝国。
前1500		■约前1500—前600年，古印度吠陀时代，国家大量出现，婆罗门教和种姓制度产生。
		■约前1500年，迈锡尼人取代米诺斯人统治地中海，迈锡尼取代克
	●约前1456年，河亶甲继位，迁	

中国	外国	年代
都于相，殷商衰落。	里特成为爱琴文明的中心。	
	■约前1400—前1200年，迈锡尼文明的鼎盛时期，开始使用青铜器，有了货币、文字。	◀ 前1300
●约前1300年，盘庚迁殷，加强商王权威，商王朝由衰落走向中兴。		
	■约前1200年，特洛伊战争，希腊联军与小亚细亚的特洛伊城进行的一场长达10年的战争。	◀ 前1200
●商朝时期，已有较完备的成文法典、较完整的历法、成熟的文字。		
	■约前1100—前800年，黑暗时代，希腊史上的文化衰退时期，反映其历史情况的文献主要是《荷马史诗》，故又称"荷马时代"。此时冶铁技术传入希腊。	
●前1046年，武王伐纣，牧野之战商纣王兵败自杀。周朝建立，定都镐京，史称"西周"。		
●前1043年，周公摄政，维护了周初王朝的稳定。		
	■约前1000—前612年，亚述帝国，地跨西亚北非，是铁器时代的第一个帝国。	◀ 前1000
●前841年，国人暴动，厉王被逐，周召共和，中国历史开始有确切纪年。	■约前800—前750年，希腊城邦形成时期。从小亚到希腊半岛，兴起了大小几百座城邦。	◀ 前800
●周朝时期，确立分封制度、宗法制度、礼乐制度；形成中国古代哲学的两个基本观念——阴阳说和五行说；中国上古时期最重要的卜筮之书《周易》成书。	■前776年，第一届奥林匹克运动会举行，希腊各邦有了共同的	

年代	中国	外国
前770 ▶	●前 770 年，周平王东迁都城至洛邑，东周历史开始，分为春秋和战国两个阶段。 ●约前 770 年，铁器开始出现。 ●前 753 年，秦国开始设史官记事。	节日和纪年。 ■城邦形成时期，希腊人袭用腓尼基字母，创造了自己的文字；铁制工具普遍使用。 ■前 753—前 510 年，古罗马王政时代，后期国家萌芽产生。
前720 ▶	●前 722 年，鲁国编年体史书《春秋》的记事上限。 ●前 707 年，繻葛之战，郑庄公对抗周王室军队，揭开春秋时期诸侯争霸的序幕。 ●前 679—前 465 年，齐桓公、宋襄公、晋文公、秦穆公、楚庄王、吴王阖闾、越王勾践相继建立霸业。 ●前 613 年，世界上第一次对哈雷彗星的正式记录，见于《春秋》。 ●约前 6 世纪中，老子，道家学派创始人，著有《道德经》。	■约前 750—前 550 年，希腊城邦大规模殖民运动，组织部分居民迁移到海外，建立新的城邦。 ■约前 624—前 547 年，泰勒斯，第一位古希腊哲学家，认为万物起源于水，打破了自古相传的神造世界的迷信。 ■前 594 年，雅典梭伦改革，把雅典引上了建立奴隶制民主政治和发展奴隶制工商业的道路。

中国	外国	年代
	■前 582—前 500 年，毕达哥拉斯，古希腊数学家，提出了几何学上的"毕达哥拉斯定理"。	
●前 551—前 479 年，孔子，儒家学派创始人，其言论辑为《论语》。	■前 558—前 330 年，波斯帝国，古代第一个地跨欧亚非的大帝国，后为亚历山大所灭。	
●约前 547—前 485 年，孙子，兵家始祖，所著《孙子兵法》是世界上最早的兵书。	■前 509 年，罗马废除王政，建立共和国。	
●春秋时期，土地国有制度逐渐瓦解，私有制的观念开始形成；铁制农具开始使用，牛耕出现；商业发展，金属铸币大量出现。	■约前 500—前 300 年，印度列国时代，早期佛教产生。	◀前 500
●前 494 年，吴王夫差大败越国军队于夫椒，越王勾践称臣归附。	■前 492—前 449 年，希波战争，以希腊胜利告终。此后，世界文明发展格局逐渐形成东西方并立共存之势。	
	■前 490 年，马拉松战役，雅典人以弱胜强取得重大胜利，破除波斯人不可战胜的神话。	◀前 490
●前 486 年，吴国开挖邗沟，连接江淮水运。这是我国最早的南北运河，是京杭大运河的开端。	■前 484—前 425 年，希罗多德，西方"史学之父"，著《历史》。	

年代	中国	外国
	●前473年，越国大举伐吴，夫差自杀，吴国灭亡。	■前480年，温泉关战役，波斯陆军主力与希腊人首战，守关希腊联军全部英勇牺牲。
		■前469—前399年，苏格拉底，古希腊哲学家。
		■前460—前400年，修昔底德，古希腊史学家，著《伯罗奔尼撒战争史》。
		■前460—前377年，希波格拉底，古希腊医学家，有"医学之父"的美誉，制定了著名的"希波格拉底誓言"，至今仍为西方医学界尊奉。
	●前445年，李悝在魏国变法，颁布《法经》，这是中国第一部系统化的国家法典。	■前443—前428年，伯里克利执政时期，雅典民主政治和社会文明臻于鼎盛，史称"伯里克利时代"。
前430		■前431—前404年，伯罗奔尼撒战争，希腊人之间的内战，雅典战败，此后希腊历史进入城邦危机阶段，希腊古典文明走向衰落。
		■约前428—前348年，柏拉图，古希腊哲学家。
	●前386年，战国七雄（齐、楚、燕、韩、赵、魏、秦）局面形成。	■前384—前322年，亚里士多德，古希腊哲学家。

中国	外国	年代
●约前385—前305年，孟子，是继孔子之后的又一儒家代表人物，与孔子并称"孔孟"，他与弟子们一起著有《孟子》七篇。		◀前385
●约前365—前290年，庄子，是继老子之后的又一道家代表人物，著有《庄子》。	■前359—前336年，腓力二世统治时期，马其顿王国成为希腊最强大的国家。	
●前356、前350年，商鞅两次变法，秦国由此逐渐强大。	■前338年，马其顿军队击败希腊联军，希腊城邦丧失政治独立，落入马其顿控制之下。	
●前334年，魏惠王与齐威王会于徐州，相互尊称对方为王，史称"徐州相王"。	■前334—前325年，亚历山大东征，建立跨欧、亚、非三洲的帝国，开创东西方文化交流新时代。	
	■前332年，亚历山大进军埃及，"法老埃及"3000多年的历史结束。	◀前330
●前318年，魏国联合齐、楚、燕、赵、韩合纵攻秦，至函谷关失利而归。		
●前313—前238年，荀子，战国末期重要的儒家代表人物，著有《荀子》。	■约前310—前230年，欧几里得，古希腊数学家，其著作《几何原本》到近代仍作为教科书使用。	◀前310
	■前305—前64年，塞琉古王国，	

年代	中国	外国
		中国史书称"条支"，中心地区是叙利亚，故又称"叙利亚王国"，亚历山大部将塞琉古建立，为罗马将领庞培所灭。 ■前305—前30年，托勒密埃及王国，亚历山大部将托勒密建立，以希腊—马其顿殖民者为主要统治力量。
前300	●前299年，楚怀王受骗入秦，被扣留。后楚立太子横为王，屈原被流放。 ●前280—前233年，韩非子，法家学派的集大成者，著有《韩非子》五十五篇。	■前287—前212年，阿基米德，古希腊物理学家，发现杠杆原理、比重原理、浮力定律。 ■前275年，罗马完成了对意大利半岛诸邦的征服。
	●前262年，长平之战，秦胜赵败，秦赵二强对峙抗衡局面结束。 ●战国时期，各国建立了以王为首的中央集权的官僚体制；官员选拔遵循任贤使能、因功予赏的原则；在普遍兵役制基础上建立了常备军；骑兵取代车兵，从根	■前269—前232年，印度孔雀王朝阿育王在位，征服了除半岛南端外的整个印度，建立了君主专制的孔雀帝国。 ■前264—前146年，布匿战争，罗马摧毁西地中海强国迦太基，成为该地区霸主。
前250	本上改变了中国古代战争的形式。 ●铁制农具广泛使用，牛耕方式得到推广；秦国蜀郡守李冰主持	■前247—226年，帕提亚帝国，中国史书称"安息"，波斯帝国的后继者，极盛时东起中亚西南部西至两河流域，长期与罗马对峙

中国	外国	年代
修建了著名的都江堰水利工程。	争斗，后为萨珊波斯所取代。	
●前227年，燕太子丹派荆轲刺杀秦王。	■前227年，罗马将西西里岛作为一省，是为罗马设置行省之始。	
●前221年，秦最终扫灭六国，完成统一，成为当时世界上最大的国家。秦王朝的建立，标志着中国统一的多民族国家的诞生。	■前221年，叙利亚占埃及，爆发第四次叙利亚战争，叙利亚丧失沿海大部分土地。	
●前221—前210年，秦王嬴政在位，尊号"皇帝"，自称"始皇帝"，确立至高无上的皇权。	■前216年，迦太基与马其顿、叙拉古缔结同盟。	
●秦朝初年，建立专制主义中央集权制度；统一货币、度量衡、文字。	■前215—前168年，罗马发动三次马其顿战争，征服马其顿王国。	◀前215
●前213年，秦始皇下令修筑长城，西起临洮，东至辽东，号称"万里长城"。		
●前213年，秦始皇下令"焚书"，医药卜筮种树之书除外。		
●前212年，秦始皇下令"坑儒"，460余人坑之咸阳。	■前211年，罗马击败叙拉古，叙拉古投降，西西里尽归罗马。	
●前210年，秦始皇少子胡亥继位，史称"秦二世"。		◀前210

年代	中国	外国
前 200 ▶	● 前 209 年，陈胜、吴广于大泽乡起义。 ● 前 207 年，巨鹿之战，项羽破釜沉舟，大败秦军，摧毁秦军主力。 ● 前 206 年，刘邦入关中，秦亡。 ● 前 203 年，项羽与刘邦约定以鸿沟为界，中分天下，东楚西汉。 ● 前 202 年，项羽垓下被围，兵败自杀。 ● 前 202 年，刘邦即皇帝位，是为汉高祖，汉朝开始，定都长安，史称"西汉"。 ● 前 179—前 141 年，文帝、景帝在位时期，推行"与民休息"政策，社会安定，民生富足，史称"文景之治"。 ● 前 179—前 104 年，董仲舒，汉代儒学思想的奠基者，提出"大一统"主张，建议用儒家纲常名教维护封建统治，加强专制主义中央集权。 ● 前 154 年，七国之乱，吴楚等	■ 前 209 年，罗马将军西庇阿攻陷西班牙的新迦太基城，清除迦太基的势力。 ■ 前 201 年，叙利亚与埃及爆发第五次叙利亚战争，叙利亚夺回沿海之地与小亚细亚南部。 ■ 前 168 年，埃及成为罗马附属国。

中国	外国	年代
诸侯国叛乱被平定，中央集权得到巩固。 ●前141—前87年，汉武帝刘彻在位，他是一位有雄才大略的封建帝王。 ●前138—前126年，张骞出使西域，获得大量西域资料，传播了汉朝声威。 ●前135年，汉武帝"罢黜百家，独尊儒术"，儒学地位日益提高。 ●前135—前90年，司马迁，著《史记》，是中国第一部纪传体史书。 ●前133—前119年，汉将卫青、霍去病多次率军反击匈奴，收复失地，巩固了北部边防。 ●前89年，汉武帝颁布"轮台罪己诏"，使一度动摇的西汉统治重新稳定。 ●前87—前48年，昭帝、宣帝在位时期，实行"与民休息"的政策，出现暂时的中兴局面，史称"昭宣中兴"。	■前133年，罗马镇压了卢西坦尼亚起义，西班牙大部分归罗马统治。 ■前129年，罗马最终吞并小亚细亚，控制了东地中海地区，建立起跨欧、亚、非三洲的霸权。 ■前90年，罗马爆发意大利同盟起义运动。 ■前73—前71年，斯巴达克起义，沉重打击了罗马奴隶主阶级统治，加速了罗马从共和向帝制的转变。	◀前135 ◀前90 ◀前70

年代	中国	外国
		■前59年，罗马军事统帅凯撒出任高卢总督，三年内征服高卢大部分地区，著《高卢战记》。
	●约前30年，中国最早的医书《黄帝内经》成书，它是秦汉以前医学临床实验的经验总结。	■前30年，埃及成为罗马帝国的一个行省。
	●前28年，世界上第一次对太阳黑子的记录，见于《汉书》。	■前27年，屋大维建元首制，是为罗马帝国的开始。
	●西汉时期，实行中央直接统治地方的一套行政系统——郡县制；选官主要途径是察举制和征辟制，一定程度上解决了世袭制的弊端；铁兵器逐渐替代铜兵器而居主导地位；丝织业发达，出现提花织布机；漆器盛行；发明造纸术；"丝绸之路"形成，丝绸、漆器等经河西走廊输往中亚、西亚及欧洲地区。	■罗马帝国时期，实行行省制，由罗马派总督管理，实行间接统治。
公元元年 ▶	●约1世纪初，佛教通过西域传入中国内地。	■4年，罗马派遣大军征服易北河与多瑙河流域的日耳曼人。
	●8年，王莽称帝，改国号为"新"，建立"新朝"。	■9年，条顿堡森林战役，日耳曼人首领赫尔曼在条顿堡森林重创罗马军队，使罗马帝国边界止于莱茵河。
	●21年，绿林、赤眉起义，推翻王莽政权。	

中国	外国	年代

● 25年，刘秀称帝，国号汉，定都洛阳，史称"东汉"。

■约23—79年，老普林尼，古罗马科学家，所著《自然史》是一部百科全书式的科学巨作。 ◀ 25

● 27—约100年，王充，著《论衡》，运用朴素唯物主义观点批判谶纬神学，遏止了儒学进一步神学化。

■约1世纪中至3世纪，贵霜帝国，月氏人建立，极盛时统治中亚和印度部分地区，扼丝绸之路要冲。

● 约30年，南阳太守杜诗推广水力鼓风的水排，使冶铁业有较大发展，领先欧洲1000余年。

■约1世纪中，基督教产生于罗马统治之下的巴勒斯坦犹太下层群众中。

● 32—92年，班固，著《汉书》，是中国第一部完整的断代史。

■66—135年，犹太战争，巴勒斯坦犹太人三次反抗罗马统治的大起义，遭血腥镇压。

● 73年，班超出使西域，重树东汉王朝威望，恢复中原与西域联系。

■78—102年，贵霜帝国最著名的君主迦腻色迦在位，大力弘扬佛法，帝国一时成为佛教中心。

● 89—105年，和帝在位时期，宦官蔡伦改进造纸技术，使纸的大量生产成为可能。

■91年，北匈奴的一部分离开漠北，向西方进行持久而漫长的迁徙过程，史称"匈奴西迁"。 ◀ 90

● 约100年，中国古代重要的数学著作《九章算术》成书，其中，分数四则运算和比例算法在当时世界领先；负数概念和正负数加减法的运算为世界数学史上首见。

■121年，罗马皇帝哈德良巡幸不列颠，在不列颠北部筑长城。

年代	中国	外国
	● 132 年，张衡创造了用以测定地震方位的地动仪。	
	● 约 145—208 年，华佗，被尊为"神医"，善用针灸汤药，发明麻沸散用于外科手术麻醉。	
150 ▶	● 约 150—215 年，张仲景，被尊为"医圣"，著《伤寒杂病论》，总结了中医诊断和治疗两方面经验，为中医学史上奠基之作。	■ 2 世纪中，基督教经典《圣经·新约》成书。
	● 150 年前后，中国第一部完整的药物和植物分类学著作《神农本草经》成书。	
	● 约 151—221 年，魏伯阳，著有《周易参同契》，是世界上最早的炼丹书籍，在化学史上有重要地位。	
	● 166—176 年，党锢之祸，官僚士大夫和太学生联合同宦官集团斗争，遭免官禁锢。	■ 166 年，罗马皇帝遣使自海路（经越南）来中国进行贸易，中西"海上丝绸之路"开通，罗马的玻璃器皿、毛织品等输入中国。
	● 东汉后期，以《太平清领书》为主要教典的太平道、五斗米道创立，标志中国早期道教形成。	
	● 184 年，张角利用太平道组织的黄巾大起义爆发，从根本上动	

中国	外国	年代
摇了东汉王朝统治。	■ 188 年，百济入侵新罗。	
● 189 年，董卓率兵入洛阳，控制东汉朝廷大权，引起军阀混战，东汉帝国名存实亡。	■ 192 年，罗马安东尼王朝灭亡，从此罗马帝国进入最混乱的时期。	
● 196 年，曹操迎汉献帝都于许昌，挟天子以令诸侯。		
● 200 年，官渡之战，曹操以少胜多，击败袁绍，为统一北方打下基础。	■ 2 世纪末至 3 世纪初，罗马帝国爆发严重的社会危机，史称"三世纪危机"。	◀200
● 208 年，赤壁之战，孙刘联军以少胜多，大败曹操，长江南北形成对峙局面。	■ 208 年，罗马皇帝塞维鲁亲征不列颠。	
● 220 年，曹丕废汉献帝，自立为帝，改国号魏，史称"曹魏"，都于洛阳。	■ 212 年，罗马皇帝卡拉卡拉授予帝国境内所有自由人以公民权。	◀220
● 221 年，刘备称帝，国号汉，史称"蜀汉"，都于成都。		
● 222 年，吴蜀夷陵之战，蜀国惨败，魏蜀吴三国疆域固定下来。	■ 226 年，帕提亚波斯总督阿尔达希举兵独立，建立萨珊王朝，是为萨珊波斯帝国建立之始。	
● 229 年，孙权称帝，国号吴，史称"东吴"，都于建业。三国鼎立局面正式形成。		

年代	中国	外国
	● 263 年，曹魏大军攻入成都，蜀亡。三国鼎足之势结束。	

● 263 年，刘徽注《九章算术》，创割圆术，为求圆周率提供了科学方法。

● 三国时期，吴国造船业发达，能制造长达 20 丈的商船；大的战船上下 5 层，可载 3000 人。

● 曹魏时期，选官实行九品中正制，体现了唯才是举的精神。

■ 3 世纪 60、80 年代，巴高达运动，高卢地区反抗罗马统治的人民反抗斗争。

● 265 年，司马炎废魏元帝曹奂，自立为帝，改国号晋，史称"西晋"，都于洛阳。

■ 271 年，罗马皇帝奥勒良击退阿拉曼尼人，修筑长城以防蛮族入侵。

● 280 年，西晋大军攻入建业，吴亡，分裂局面结束，天下重归一统。

● 291—306 年，八王之乱，西晋宗室诸王为争夺最高统治权而发生的战乱。

■ 296 年，波斯王纳尔塞于卡利尼古姆大败罗马人，侵入罗马属地美索不达米亚。

● 约 3 世纪末，裴秀绘制《禹贡地域图》，提出"制图六体"。

300 ▶

● 304 年，匈奴人刘渊起兵反晋，

■ 303 年，罗马皇帝戴克里先下令严禁基督教，但基督教传播日盛。

中国	外国	年代

自称汉王，后改称皇帝，立国号为汉，都平阳。

● 307—313 年，西晋怀帝永嘉年间，北方陷入少数民族割据混战，晋朝官民避难南迁，史称"永嘉南渡"。

● 313 年，祖逖北伐，渡江北上，收复失地，使"黄河以南，尽为晋土"。

■ 313 年，罗马皇帝颁布"米兰敕令"，正式承认基督教的合法地位。

● 316 年，匈奴汉国继洛阳之后又攻破长安，俘获晋愍帝，西晋灭亡。

● 317—439 年，北方陷入各少数民族的割据混战之中，出现许多政权，进入十六国时期。

● 318 年，永嘉南渡首领、西晋宗王司马睿于建康称帝，重建晋朝，史称"东晋"。

◀ **318**

●两晋之际，葛洪著《抱朴子》，确立起神仙道教的理论体系，并发展了金丹派的炼丹术。

● 318 年，十六国时期北方最早出现的少数民族政权——匈奴汉国分裂，北方形成前、后二赵并立的局面。

年代	中国	外国
	● 319—350 年，后赵政权，羯族人石勒建立。	
320 ▶	● 319—329 年，前赵政权，基本是匈奴汉国的继续，都长安，被羯族人建立的后赵政权所灭。	■ 320—540 年，印度笈多王朝时期，以恒河中下游为基地实现了北印度的统一。
	● 十六国前期，与前、后赵并存的割据政权还有西北的前凉、巴蜀的成汉、后改称北魏的代国。	■ 4 世纪，笈多王朝时，印度教（亦称新婆罗门教）兴起。
		■ 323 年，基督教历史上第一次宗教大集结，制定"尼西亚信经"，确立"三位一体"教义。
330 ▶		■ 330 年，罗马皇帝君士坦丁把帝国首都从罗马迁到东方的拜占庭，取名君士坦丁堡。
	● 337 年，鲜卑族慕容氏立国，都龙城，史称"前燕"。	
	● 347 年，东晋桓温率兵入蜀，攻陷成都，巴蜀的成汉政权（氐族）灭亡。	■ 348 年，波斯国王沙普尔二世大败罗马军队于美索不达米亚的辛卡拉城。
	● 350—352 年，冉魏政权，后赵权臣冉闵发动政变建立，国号魏，后为前燕所灭。	
350 ▶	● 约 350 年后，氐族人苻健西入关中，称帝建国，国号秦，都长安，史称"前秦"。	

中国	外国	年代
● 354—369 年，桓温多次北伐，欲收复中原，未果。	■ 355 年，罗马皇帝派兵征服法兰克、阿拉曼尼等日耳曼部落。	
● 4 世纪中，前燕进兵中原，雄踞关东，在北方与前秦形成东西对峙局面。	■ 359—363 年，波斯第二次发动对罗马的战争，并获得胜利。	
● 370 年，前燕政权为前秦所灭。		◀ 370
● 376 年，西北的前凉政权（汉族）为前秦所灭。		
● 382 年，前秦军队进驻西域，至此统一了北方，与江南的东晋相对峙。	■ 382 年，罗马皇帝狄奥多西与哥特人议和，双方缔结同盟。	◀ 380
● 383 年，淝水之战，东晋以少胜多，击败前秦，稳定了在江南的统治；前秦惨败，在北方的统治迅速瓦解。		
● 384—394 年，西燕政权，迁至关中的鲜卑族慕容氏所建，都阿房，为后燕所灭。	■ 384 年，波斯与罗马讲和，将亚美尼亚一分为二，波斯和罗马各据其一。	
● 384—407 年，后燕政权，前燕慕容氏后人所建，是十六国后期中原地区的强盛之国。		
● 384—417 年，后秦政权，为羌		

年代	中国	外国
390 ▶	族人所建，一度控制整个关中地区，是当时最为强盛的国家，为东晋所灭。 ● 385—431 年，西秦政权，鲜卑乞伏氏建于陇西一带，一度比较强盛，降于大夏。 ● 386—403 年，后凉政权，氐族人吕光所建，定都姑臧，降于后秦。 ● 394 年，前秦为西秦所灭。 ● 397—414 年，南凉政权，鲜卑秃发氏建于河西地区，降于西秦。 ● 398 年，鲜卑族拓跋珪称帝，改国号魏，定都平城，史称"北魏"。 ● 398—410 年，南燕政权，前燕慕容氏后人所建，为东晋所灭。 ● 399 年，东晋高僧法显西行求法，历时 15 年，著《佛国记》，记述了古代中亚、印度、南海诸国的地理、历史、风土人情。	■ 392 年，罗马皇帝颁布法令，关闭一切异教神庙，禁止献祭活动，基督教成为罗马国教。 ■ 395 年，罗马帝国分裂，东罗马帝国以君士坦丁堡为都，西罗马帝国以罗马为都。 ■ 397 年，罗马大将斯提里克击败西哥特人。

中国	外国	年代
● 400 年，孙恩、卢循起义，历时 11 年，沉重打击了东晋政权。		
	■ 5 世纪起，盎格鲁—撒克逊人不断侵入不列颠，在英格兰建立起了许多蛮族王国。	◀ 400
● 400—420 年，西凉政权，汉族人李暠所建，定都酒泉，为北凉所灭。		
● 401—439 年，北凉政权，匈奴人沮渠蒙逊所建，据河西走廊，一度较为强盛，降于北魏。	■ 402 年，西罗马皇帝因罗马形势危急，避居拉文纳，此后拉文纳成为意大利政治中心。	
	■ 405 年，日耳曼蛮族入侵意大利。	
● 407—431 年，大夏政权，匈奴人赫连勃勃所建，都于统万。		
● 409—436 年，北燕政权，后燕将领汉人冯跋发动政变，灭后燕所建，为北魏所灭。	■ 410 年，西哥特人攻陷罗马城，纵兵烧杀抢劫，满载而归。	◀ 410
● 东晋时期，水稻生产技术有很大改进，江淮一带在水稻种植中采用"烤田法"增加产量。水利技术提高，出现"湖田"，即围湖造田。	■ 411 年，进入西班牙的苏维汇人在半岛西北部建立苏维汇王国。	
	■ 415 年，西哥特人打败西班牙境内的汪达尔人、阿兰人等蛮族。	
● 魏晋时期，玄学兴起，这是糅合儒道而形成的一种新的哲学思想体系，探讨本与末、有与无、名教与自然等哲理问题。	■ 419—711 年，西哥特王国，西哥特人在南高卢和北西班牙建立，后为阿拉伯人征服。	

年代	中国	外国
420 ▶	● 420—589 年，江南地区相继出现以建康为都城的宋、齐、梁、陈四个政权，史称"南朝"。	■ 420 年，波斯国王下令严禁基督教，基督教徒逃入罗马，请求保护。波斯与罗马发生战争。
	● 420 年，东晋将领刘裕废晋恭帝自立，改国号宋，东晋亡。	■ 422 年，匈奴人侵略拜占庭帝国的色雷斯、马其顿等地。
	● 424—454 年，宋文帝元嘉年间，政治清明，社会安定，经济繁荣，史称"元嘉之治"。	
	● 429—500 年，祖冲之，数学家，把圆周率精确到小数点后第 7 位，这是当时世界上最先进的科学成果，比欧洲人早 1000 多年。	
	● 439 年，北魏皇帝拓跋焘先后灭掉北方仅存的大夏、北燕和北凉，再次统一北方，北朝时期开始。	■ 439—534 年，汪达尔王国，汪达尔人在北非建立，为拜占庭帝国所灭。
	● 446 年，北魏太武帝下令屠杀沙门，焚经毁像，史称"太武灭佛"。这是中国历史上第一次大规模毁佛运动。	■ 457 年，勃艮第人以里昂为中心建立勃艮第王国，后被法兰克人征服。
	● 约 470—527 年，郦道元，著有《水经注》，是一部重要的地理著作。	
	● 471—499 年，北魏孝文帝在位，进行全面汉化的社会改革，加速	■ 476 年，日耳曼雇佣军首领奥多

中国	外国	年代

了北方民族融合的历史进程。

● 479 年，禁卫军首领萧道成废宋顺帝自立，改国号齐，史称"南齐"。刘宋遂亡。

● 485 年，北魏孝文帝推行均田制，这是中国历史上一种比较完备的土地制度。

● 494 年，北魏孝文帝迁都洛阳。

● 502 年，南齐将领萧衍废齐和帝自立，改国号梁，南齐灭亡。

● 梁朝时，陶弘景著《真灵位业图》，建立起道教的神仙体系，使道教从杂乱的多神崇拜逐渐走向一神为首的宗教；撰《养性延命录》，发展了道教养生修炼的理论和方法。

● 523 年，六镇起义爆发，揭开各族人民反抗斗争的序幕，沉重打击了北魏政权。

● 528 年，北魏将领尔朱荣举兵进攻洛阳，拥立孝庄帝，将胡太后

亚克废黜西罗马帝国最后一个皇帝，西罗马帝国灭亡。

■ 481 年，法兰克王国建立，开始墨洛温王朝的统治。

■ 493 年，东哥特人在北部意大利立国，后被拜占庭所灭。

■ 496 年，法兰克人首领克洛维，率领 3000 名法兰克战士接受洗礼，皈依基督教。

■ 508 年，萨利克法兰克人首领克洛维统一法兰克各族落。

■ 524 年，波斯与拜占庭帝国的战争爆发。

■ 527—565 年，查士丁尼统治时期，拜占庭历史上的"黄金时代"。

480

525

年代	中国	外国
	和废帝元钊押至河阴，沉入黄河，围杀王公大臣 2000 余人，控制北魏政权，史称"河阴之变"。	■529 年，圣本尼狄克在那不勒斯附近的卡西诺山创立修道院，制定《修士守则》，成为此后几百年西欧众多修道院的院规。
	●约 533—544 年，北魏贾思勰著《齐民要术》，是现存最早、最完整的中国古代农学著作，在世界农业科技发展史上占重要地位。	
	● 534 年，北魏将领高欢铲除尔朱荣，拥立孝静帝，迁都邺城，史称"东魏"。	■534 年，马格里布（埃及以西撒哈拉以北地区）被纳入拜占庭帝国版图。
535 ▶	● 535 年，北魏割据关中的宇文泰拥立文帝，都于长安，史称"西魏"。	■537 年，拜占庭建筑艺术的杰作——圣索菲亚大教堂建成。
	● 548 年，侯景举兵叛梁，攻入建康，纵兵杀掠，士族门阀遭受沉重打击，史称"侯景之乱"。	■549 年，拜占庭皇帝查士丁尼派兵援助黑海东岸反抗波斯的拉奇卡人，再度引发与波斯的战争。
550 ▶	● 550 年，东魏权臣高洋废帝自立，改国号为齐，史称"北齐"，都邺城。	
	● 550—630 年，巢元方，隋代著名医师，著有《诸病源候总论》，是中国历史上第一部病因病理学著作，对后世医学有重要影响。	
	● 555 年，西魏大军攻破江陵，杀	

中国	外国	年代
梁元帝，扶植建立后梁政权为附庸，并把十余万人强迁至北方为奴，这一事件史称"江陵之变"。 ● 557 年，陈霸先废梁敬帝自立，国号陈。 ● 557 年，西魏权臣宇文觉废帝自立，改国号为周，史称"北周"。	■ 558 年，拜占庭军队大败进犯君士坦丁堡的匈奴人和斯拉夫人。 ■ 565 年，欧洲历史上第一部系统完备的法律文献——《罗马民法大全》编撰成书，对后世立法影响深远。 ■ 568 年，伦巴第人在意大利北部建国，这是日耳曼部族迁徙中最后建立的王国。 ■ 约 570—632 年，穆罕默德，伊斯兰教先知，创立伊斯兰教。	◀ 565
● 577 年，北周攻占北齐国都邺城，北齐亡，北方近半个世纪的分裂局面结束。 ● 587 年，隋文帝杨坚灭江陵的后梁。 ● 588 年，隋军进抵长江北岸，次		

年代	中国	外国

年攻入建康，陈亡，南朝终结。

● 南朝时期，冶炼技术取得突破，出现灌钢法，这是坩埚技术出现前最先进的炼钢技术。

■ 598 年，英格兰肯特王国的国王埃塞伯特皈依基督教，建立了坎特伯雷大教堂。

● 602—664 年，玄奘，唐代著名高僧，西行印度求取佛经，往返 17 年，著《大唐西域记》。

■ 603 年，波斯进攻拜占庭帝国的小亚细亚领地，与拜占庭帝国的战争再起，持续 20 余年。

605

● 605—610 年，隋炀帝时修凿了南起余杭，北达涿郡，西通洛阳的大运河，全长 4800 余里。

■ 606 年，印度戒日王即位，在位 40 年，统一北印度大部。

● 607 年，日本遣使小野妹子来隋朝，促进了中日关系的发展。

● 611—616 年，隋末农民起义爆发，形成翟让领导的河南瓦岗军、窦建德领导的河北义军、杜伏威领导的江淮义军三支主力，动摇了隋王朝统治。

■ 611 年，波斯攻陷拜占庭帝国叙利亚首府安提阿城。

● 612—614 年，隋炀帝先后三次派兵征伐高丽，未果。

■ 616 年，拜占庭帝国在西班牙的领土大部分为西哥特人所夺。

■ 616 年，波斯人入侵拜占庭的

中国	外国	年代
	属地埃及。	
● 617 年，太原留守李渊起兵，入长安，控制关中地区。		
● 618 年，江都兵变，隋炀帝被杀，隋朝灭亡。		
● 618 年，李渊称帝，建立唐朝，定都长安，是为唐高祖。		
● 618—628 年，唐平定西北，角逐中原，经略江南，最终统一全国。	■ 622 年，穆罕默德离开麦加，前往麦地那，伊斯兰教称这一事件为"希吉拉"（旧译"徙志"）。	
● 626 年，为争夺皇位，李渊次子李世民在宫城北门玄武门设伏兵杀死兄、弟二人，史称"玄武门之变"。		
● 627—649 年，贞观年间，唐太宗推行一系列政治、经济、文化的政策措施，短时间变乱世为治世，史称"贞观之治"。	■ 630 年，穆斯林武装进军麦加，麦加贵族妥协，承认穆罕默德权威，接受伊斯兰教。这标志着伊斯兰教在阿拉伯半岛的胜利。	◀ 630
●约 630 年，松赞干布统一吐蕃各部落，建立了强大的奴隶主政权。	■ 632 年，阿拉伯半岛大体归于统一。	
● 635 年，唐太宗派兵打败鲜卑族后裔吐谷浑，控制青海，打通了通往西域的道路。		

年代	中国	外国
	● 635 年，基督教别派景教传入中国，时称大秦教。	
	● 639—657 年，唐朝连续用兵，击败西突厥，控制了天山南北地区，设置都护府。	■ 640—642 年，阿拉伯军队攻入埃及，整个埃及被纳入哈里发国家版图。
	● 641 年，文成公主入藏，加强了汉藏交流与联系。	■ 642 年，尼哈温战役，阿拉伯军队击溃波斯军队，萨珊波斯王朝灭亡。
	● 644—668 年，唐多次出兵朝鲜半岛，先后灭百济、高丽。	■ 646 年，日本孝德天皇以中国唐代集权制国家为典范，颁布诏书改革国制，史称"大化改新"。
650 ▶	● 649—683 年，唐高宗在位，统治初期勤于政事，出现"永徽之治"；后武则天入宫，得立为皇后。	■ 650 年，不列颠进入历史上的"七国时期"。
	● 651 年，伊斯兰教传入中国。	
	● 653 年，唐经学家孔颖达编定的《五经正义》颁行天下，成为官方标准本，首次统一了经学内部各派。	■ 6 世纪下，真腊成为一个新兴的独立王国，后分裂为水真腊（柬埔寨）与陆真腊（老挝）。
	● 659 年，苏敬等人编成《唐新本草》，是世界上第一部国家颁布的药典，收录药物 800 余种。	■ 661—750 年，倭马亚王朝，定都大马士革，这是阿拉伯国家大规模扩张时期。
	● 661—721 年，刘知幾，唐代史	

中国	外国	年代
学家，所著《史通》是中国第一部史评著作，也是一部史书编纂法著作、史学理论著作，有较高的理论价值和实用价值。 ● 683—727年，张遂（僧一行），天文学家，在世界历史上首次实测子午线；发现了恒星位置移动现象。 ● 690年，武则天称帝，改唐为周，都洛阳。 ● 705年，唐中宗复位，恢复唐号、制度。 ● 710年，唐中宗皇后韦氏干政，毒死中宗，图谋窃位，史称"韦后之乱"。 ● 713—741年，唐玄宗开元年间，社会安定，政治清明，经济繁荣，史称"开元盛世"。	■ 675—935年，新罗统一朝鲜半岛。 ■ 680年，伊斯兰教第四任哈里发阿里次子侯赛因在卡尔巴拉遭到倭马亚王朝军队袭击身亡。卡尔巴拉事件明显激化了穆斯林内部的矛盾冲突，什叶派作为政治反对派渐趋形成。 ■ 7世纪末，中国纸由中亚陆路传到印度，后又传去造纸术。 ■ 8世纪初，伊斯兰教随着阿拉伯人的入侵开始传入印度。 ■ 724—781年，日本天平时代，是中国唐代文化输入的极盛时期。 ■ 726—843年，圣像破坏运动，教会和修道院地产被大量没收、重新分配，推动了拜占庭封建关	710

年代	中国	外国
		系的发展。

中国：

● 735—812 年，杜佑，唐代史学家，创立"政书体"，著《通典》，这是中国第一部记载历代典章制度沿革的通史。

● 737 年，契丹汗国在希拉木伦河流域建立。遥辇氏出任可汗，耶律家族任军事统帅。

● 751 年，中国造纸术传入大食，后经中亚渐次传入欧洲，结束了欧洲使用草纸和羊皮纸的历史。

● 754 年，鉴真和尚东渡日本，传播佛教和汉文化，为中日友好做出贡献。

755 ▶ ● 755—763 年，安史之乱，安禄山、史思明起兵叛乱，打破了唐朝大一统局面，社会经济遭到巨大破坏，盛唐转衰。

● 8 世纪中期以后，均田制逐渐崩溃，土地私有制和土地买卖的发展，使庶族地主开始成为社会主导势力。

外国：

■ 732 年，普瓦提埃战役，法兰克王国宫相查理·马特击败入侵的阿拉伯人，使基督教欧洲免遭伊斯兰教威胁。

■ 734 年，在唐多年的日本留学生吉备真备回国，带走很多重要文物典籍，促进了中日文化交流。

■ 751 年，法兰克宫相矮子丕平被贵族推选为国王，教皇特使为其加冕，加洛林王朝开始。

■ 754、756 年，法兰克国王矮子丕平两次出兵意大利，打败伦巴第人，把罗马附近和拉文纳总督区交给教皇统治，史称"丕平献土"，由此奠定了教皇国基础。

■ 8 世纪上，阿拉伯帝国基本形成，横跨欧亚非三洲，在当时世界上疆域最大。

中国	外国	年代
● 733—804 年，"茶圣"陆羽，著《茶经》，这是世界上第一部茶学专著。		
	■ 750—1258 年，阿拔斯王朝，都于巴格达，初期为阿拉伯帝国鼎盛时期。	
	■ 756—1492 年，科尔多瓦哈里发国家，即后倭马亚王朝，倭马亚家族后裔在西班牙建立的独立国家。	
	■ 768—814 年，查理大帝，法兰克王国君主，在位期间，法兰克国家达到极盛，史称"查理曼帝国"。	◀ 780
● 780 年，颁行"两税法"，主要征收地税与户税，改变了过去征收赋税重身丁而轻资产的弊端。		
● 781—784 年，魏博等四地节度使联合起兵反抗中央，史称"四镇之乱"。		
	■ 788—868 年，摩洛哥、突尼斯、埃及先后独立，阿拉伯帝国失去了对非洲各省区的控制。	
	■ 788—974 年，摩洛哥伊德利斯王朝时期，大批什叶派穆斯林移居摩洛哥，非斯成为当时什叶派伊斯兰教的传播中心。	
● 789 年，唐朝军队大败吐蕃军，收复吐蕃攻占的土地。		
	■ 794—1185 年，平安时代，日本政治体制由律令政治向武家政治的转换时期。	

年代	中国	外国
800 ▶		■ 800 年，法兰克国王查理加冕为帝，成为西方最高世俗统治者。
	● 805 年，顺宗永贞元年，翰林学士王叔文、王伾等领导发动旨在反对宦官专权的政治革新运动，史称"永贞革新"。	■ 800—909 年，阿格拉布王朝时期，统治今阿尔及利亚和突尼斯地区，其中心开拉万被视为伊斯兰教第四圣地。
	● 805 年，永贞革新失败，王叔文被处死，王伾被贬，参与革新的韩晔等八位名士被贬为边州司马，史称"二王八司马事件"。	■ 9 世纪起，封建庄园，一种新的农业经济组织形式，在西欧流行。
	● 806—818 年，宪宗元和年间实施平藩计划，陷于强藩 60 余年的河北、山东、河南等地重归政府管辖，唐王朝复归统一，史称"元和中兴"。	■ 814 年，巴格达哈里发阿尔·乌蒙在美索不达米亚组织测量子午线。
	● 821 年，唐朝与吐蕃会盟，在拉萨建长庆会盟碑，强调汉藏永远和睦相处。	■ 816—837 年，阿拔斯王朝巴贝克起义，席卷阿塞拜疆、亚美尼亚和波斯西部的广大地区，沉重打击了阿拉伯哈里发政权。
	● 821—846 年，牛李党争，以牛僧孺和李德裕为代表的两派官僚之间为争权夺势而起的冲突。	
	● 835 年，文宗起用李训等人再次谋划打击宦官势力，诡称宫内石	

中国	外国	年代

榴夜降甘露，以伏兵诱杀，失败后牵连受害者不计其数，史称"甘露之变"。

■ 842 年,《斯特拉斯堡誓言》,秃头查理和日耳曼路易在斯特拉斯堡立誓结盟，誓言用两种语言表达，说明法德两国的本族语言已形成。

● 845 年，唐武宗采取大规模灭佛行动，拆毁寺院，令僧尼还俗。

■ 843 年,《凡尔登条约》,查理大帝三个孙子洛泰尔、日耳曼路易和秃头查理缔结，三分帝国为中、东、西法兰克王国。

● 859 年，裘甫在浙东领导农民起义，揭开唐末农民起义序幕。

■ 862 年,瓦里亚格人留里克兄弟，在诺夫哥罗德建立古罗斯国。

● 868 年,庞勋领导桂林戍卒起义。

■ 869—883 年，阿拔斯王朝黑奴起义，一度控制伊拉克南部和波斯西南部的广阔地区，沉重打击了阿拉伯哈里发政权。

■ 870 年,《墨尔森条约》,日耳曼路易和秃头查理签订，瓜分中法兰克王国，为法德意奠定了领土基础。 ◀ **870**

● 874 年，王仙芝、黄巢起义爆发。

■ 871—899 年，艾尔弗雷德大帝在位，英国威塞克斯王国著名的国王，在反抗丹麦人入侵中取得胜利，与丹麦人划地为界，使英格兰免于灭亡。

● 881—883 年，黄巢攻陷长安，建立政权，国号大齐。

年代	中国	外国
	●唐朝时期，中央机构实行三省六部制，明确了立法、行政、监察的职权范围。 ●唐朝修撰了现存中国最古老的法典《唐律》，对古代东亚各国法律制度影响深远。 ●唐朝学校教育体系完善，地方州县设置官学，准许百姓任立私学。 ●唐朝礼乐制度体系高度发展，形成"礼治"局面；随着礼乐制度向外传播，东亚文化圈开始形成。 ●唐代印染业出现的夹缬染法，是中国早期印染技术的伟大创造。 ●唐代发明三彩陶器，有马、骆驼、人俑等造型，釉彩多为黄、绿、蓝三色，故名"唐三彩"。 ●金属铸造业已经使用简单的机床进行切削加工，这是中国机器工业史上的重要阶段。 ●造船业发达，远洋运输海船驰名世界，长20余丈，载客六七百人。	■882年，罗斯国迁都基辅，始称基辅罗斯。 ■883年，丹麦王戈尔姆以强力禁止基督教传播，同时征服国内独立的部族领袖。 ■887年，阿拉伯人进攻小亚细亚，并企图重新入侵意大利。

中国	外国	年代
● 基督教的聂斯托利派（也称景教）传入中国，宋初基本灭绝。 ● 892—979 年，南方地区先后存在的九个政权与北方河东地区的北汉政权，一同被称为"十国"。 ● 893—978 年，吴越政权，唐末江浙一带的割据军阀钱镠，后被后梁封为吴越王，后归降北宋。 ● 897—945 年，闽政权，领福建七州之地，唐将领王审知后被后梁封为闽王，为南唐所灭。 ● 902—937 年，吴国，军阀混战中壮大的唐朝将领杨行密建立，都扬州，后为南唐取代。 ● 907—960 年，以北方黄河中下游为中心的中原地区，先后建立五个割据政权，史称"五代"。 ● 907 年，叛变降唐的农民起义军将领朱温废帝自立，国号梁，史称"后梁"，都开封。 ● 907—925 年，前蜀政权，在镇压唐末农民起义中逐渐壮大的王建在成都建立，为后唐所灭。	■ 893—911 年，北非各地纷纷脱离埃及统治，成立若干独立小国。 ■ 10 世纪起，西欧农业生产普及了重犁，推广三田制，生产力水平提高。 ■ 10—11 世纪，克吕尼运动，克吕尼派修士在西欧天主教会内部发动的改革运动，旨在加强教皇权力，创立教会对世俗权力的独立性。 ■ 909—1171 年，法蒂玛王朝，兴起于西北非地区，后政治重心移	

年代	中国	外国
910 ▶		至埃及，反对阿拔斯王朝的宗教领袖地位，尊崇什叶派伊斯兰教。 ■ 910 年，法国阿奎丹公爵威廉划出猎场的一块土地，创立克吕尼修道院。 ■ 911 年，法王天真汉查理将塞纳河口一带封赐给诺曼人首领罗洛，形成诺曼底公爵领。 ■ 911 年，康拉德公爵被举为王，加洛林家族在东法兰克王国统治结束。
	● 916 年，耶律阿保机建元，国号契丹（后改国号大辽），立国200余年，先后与中原地带的五代及北宋政权南北并立。 ● 917—971 年，南汉政权，后梁封臣南海王刘隐之弟刘岩建立，据两广之地，为北宋所灭。	■ 918—1396 年，朝鲜半岛高丽王朝统治时期。 ■ 919 年，萨克森公爵亨利被选为王，德意志王国开始萨克森王朝的统治。
	● 923 年，故唐节度使李克用之子李存勖灭后梁，建立后唐，都洛阳，控制黄河南北广大地区。 ● 925—963 年，荆南（也称南平）政权，据江陵地区，朱温部将高	■ 925—939 年，英格兰王埃塞斯坦在位时期，把整个英格兰北部

中国	外国	年代

季兴被后唐封为南平王，始建政权，十国中占地最少、势力最弱。

统一到威塞克斯王朝内，建立威塞克斯王国在北方的优势。

● 927—951 年，楚国，占据湖南，靠镇压农民起义壮大的唐将马殷，被后唐封为楚国王，始建政权，为南唐所灭。

■ 930 年，挪威人占领了冰岛大部分可居地。

◀ **930**

● 934—965 年，后蜀政权，后唐部将孟知祥在成都建立，为北宋所灭。

● 936 年，后唐节度使石敬瑭起兵叛唐，在辽帮助下建国称帝，国号为晋，史称"后晋"，后唐亡。

■ 937 年，马扎尔人企图进攻德意志王国失败，转而向法兰西王国入侵。

● 937—975 年，南唐政权，吴国权臣徐温养子徐知诰（本姓李）所建，定都金陵。后发展为十国中最强大的国家，后主李煜在位时为北宋所灭。

■ 939 年，越南摆脱中国封建政权的长期统治，成为独立国家。

◀ **940**

■ 941 年，基辅罗斯大公伊戈尔率舰队进攻君士坦丁堡，被"希腊火"攻击，失败而退。

● 947 年，辽太宗进占后晋都城东京，灭后晋。退军途中，辽太宗总结了此次南下的三个错误，即史上有名的"三失之训"。

● 947 年，后晋节度使刘知远于晋阳（后迁都东京）称帝，国号汉，史称"后汉"。

年代	中国	外国
		■ 950年，德意志国王奥托一世征服波西米亚。
	● 951—979年，北汉政权，刘知远之弟刘崇于后汉灭亡后，在晋阳所建，依附于辽，为北宋灭。	
	● 951年，后汉枢密使郭威在汴梁被部下拥立为帝，建立后周。	
	● 954—959年，后周世宗在位，推行一系列改革措施，使国力大大加强，为统一全国奠定了基础。	■ 955年，德意志国王奥托一世在奥格斯堡附近大败马扎尔人，解除其威胁。
	●约10世纪，吴越建筑师喻皓著《木经》，总结了木结构建筑技术的经验，是中国古代建筑学名著。	
960 ▶	● 960年，后周禁军统帅赵匡胤在开封东北的陈桥驿发动兵变，即位称帝，改国号宋，是为宋太祖，后周灭亡。	
	● 961年，赵匡胤"杯酒释兵权"，解除大将兵权。	■ 961年，占领克里特岛一个半世纪的阿拉伯人被拜占庭军队逐出。
		■ 962年，教皇为德国萨克森王朝的奥托一世加冕，德国始称"神圣罗马帝国"。
		■ 975—996年，哈里发阿齐兹在

中国	外国	年代
● 979 年，北宋基本完成了对黄河中下游的中原及长江流域的统一。此时北方还有与北宋对峙的辽朝、割据西北的党项族夏州政权、西南控制洱海地区的大理政权。	位，法蒂玛王朝达到极盛，统治区域从大西洋沿岸到幼发拉底河上游。	
● 986 年，宋太宗雍熙三年，发动对辽朝进攻后失败，史称"雍熙北伐"。此后北宋对辽采取消极防御策略。	■ 987 年，法兰西大贵族休·加佩被贵族推举为王，法国开始加佩王朝的统治。	
● 10 世纪下，北宋初年，火药开始应用于军事，火药武器广泛使用。	■ 987—1328 年，法国加佩王朝时期，王权逐渐增强，国家统一进程起步。	
● 993 年，王小波领导青城农民起义，提出"均贫富"的口号。	■ 10 世纪末，波兰基本上完成了国家的初步统一。	
	■ 1000 年，匈牙利王国建立，居民主要是马扎尔人。	◄ **1000**
● 1002 年，党项族人李继迁集合各部，攻陷灵州，改为西平府，自称西平王，奠定了西夏国的基业。		
● 1004 年，北宋与辽在澶州议和，缔结"澶渊之盟"，此后双方持续了百余年的相对和平。		
● 1017—1073 年，周敦颐，北宋儒学濂学学派代表人物，为宋学及理学体系的构成奠定了理论	■ 1017—1028 年，丹麦人卡纽特先后成为英格兰君主、丹麦国王和挪威国王，由此组成一个跨越	

年代	中国	外国
	基础。	北欧的卡纽特帝国。

中国

● 1019—1086 年，司马光，宋代成就最大的史学家，著《资治通鉴》。

● 1020—1078 年，张载，北宋儒学关学学派代表人物，提出"德性之知"的致知方法，即通过内心修养就可体察天下万物。

● 1031—1095 年，沈括，北宋科学家，著《梦溪笔谈》，记录了当时中国科技发展的最高成就；在实验中发现地磁偏角现象，使中国成为世界上最早记录地磁偏角的国家。

● 1032—1085 年，程颢，北宋儒学洛学学派代表人物，把"天理"作为哲学最高范畴，提出"存天理，去人欲"的伦理修养方法。

● 1033—1107 年，程颐，北宋儒学洛学学派代表人物，与程颢并称"二程"。

● 1038 年，西北党项族首领李元

1020

外国

■ 11—13 世纪，西欧中部的香槟集市，是当时长途贩运货物最有名的交易场所，也是西欧的货币兑换中心。

■ 1024—1125 年，德国历史上的法兰克尼亚王朝（也称萨利安王朝）时期。

■ 1028 年，丹麦国王卡纽特征服挪威。

■ 1032 年，勃艮第王国成为神圣罗马帝国的一部分。

■ 1037 年，西班牙北部的卡斯提尔合并莱昂，成为卡斯提尔王国。

中国	外国	年代
昊称帝建国，国号大夏，都兴庆府（今宁夏银川），史称"西夏"。		
		◀ 1040
● 1041—1048 年，北宋庆历年间，毕昇发明活字印刷。	■ 1042 年，丹麦世系的国王对英格兰的统治结束。	
● 1043 年，宋仁宗庆历三年，范仲淹上奏《答手诏条陈十事》，提出以整顿吏治为核心的改革纲领，仁宗颁诏全国实行，史称"庆历新政"。		
● 1044 年，李元昊取消帝号，与北宋议和，西夏对宋称臣，宋册封其为西夏国王。		
● 1044 年，辽兴宗亲率大军进攻西夏，史称"河曲之战"，西夏先败后胜，双方议和。		
	■ 1059 年，拉特兰宗教会议决定，教皇由枢机主教组成的教会会议选举产生。	◀ 1060
● 1068—1085 年，宋神宗在位，任用王安石变法，史称"熙宁变法"，使北宋摆脱危机，达到了富国强兵的预期目标。	■ 1066 年，法国诺曼底公爵威廉率军渡海峡，黑斯廷斯一役依靠新式骑兵获胜，征服英国。	
	■ 11 世纪下，格里哥利改革，教皇格里哥利七世进行的教会改革，旨在提高教会权力和削弱皇权。	

年代	中国	外国
		■ 1071 年，诺曼人占领亚得里亚海西岸重镇巴里，结束了拜占庭帝国在意大利南部的统治。
		■ 1076 年，德皇亨利四世倡议召开教俗贵族参加的高级宗教会议，后演化成帝国议会。
	● 1079 年，御史中丞李定等弹劾苏轼作诗诽谤朝廷，很多人受牵连贬官，史称"乌台诗案"。	■ 1077 年，卡诺莎事件，德皇亨利四世在意大利北部的卡诺莎城堡向教皇忏悔赎罪，罗马教廷权力达到顶峰。
		■ 1081 年，苏格兰出现第一个国王，开始坎莫尔王朝的统治。
1085 ▶	● 1085 年，宋哲宗年幼即位，反对变法的高太后临朝听政，新法废除殆尽，史称"元祐更化"。	■ 1086 年，英王威廉一世下令对全国土地进行调查和登记，其结果被谑称为"末日审判书"，是英国中世纪最早的经济史料。
		■ 1095 年，教皇乌尔班二世发表演说，号召西欧基督徒参加十字军东征。
		■ 1096—1291 年，十字军东征。
	● 1103—1142 年，岳飞，南宋抗金英雄。	■ 12 世纪初，法国诺曼底人征服西西里和意大利，建立西西里王国。

中国	外国	年代
● 1114 年，女真部落联盟首领完颜阿骨打起兵反辽。	■ 1112 年，法国琅城起义，城市居民杀死骗取金钱又拒不放弃领主权的琅城主教，取得自治地位。	
● 1115 年，女真部落联盟首领完颜阿骨打建国称帝，国号大金，定都会宁府（即"皇帝寨"）。	■ 12 世纪，法国巴黎大学和英国牛津大学先后成立。	
● 1119—1125 年，宣和年间出使高丽的官船上开始使用指南针导航。	■ 约 12 世纪，西欧出现手工业行会，同行业手工业者的组织，主要是限制外部和内部竞争。	
● 1120 年，金军攻占辽都上京，反辽战争取得决定性胜利。	■ 12—13 世纪，西欧艺术的主要表现形式是哥特式教堂建筑。	◀ 1120
● 1120 年，宋徽宗遣使取道海上出使金朝协商攻辽大计，双方达成协议，约定共同作战，史称"海上之盟"。		
● 1120 年，两浙地区爆发方腊领导的农民起义。		
● 1125 年，辽天祚帝在逃跑途中被金军俘获，辽朝灭亡。	■ 1122 年，《沃尔姆斯宗教协定》，神圣罗马帝国皇帝与教皇和解，结束了长达半个多世纪的关于授职权的斗争。	
● 1127 年，金军占领汴京，废宋徽宗、宋钦宗二帝，北宋灭亡。金军撤离时掠走二帝及宗室、大臣、	■ 1127 年，法国北部琅城市民再度酝酿起义，国王路易六世被迫颁发特许状，准予自治。	

年代	中国	外国
	妃嫔等 3000 余人，史称"靖康之变"。 ● 1127 年,康王赵构在应天府（今河南商丘）即帝位，是为宋高宗，史称"南宋"。 ● 1130—1200 年，朱熹，南宋儒学代表人物，继承周敦颐、"二程"、张载及佛道各家学说，建立起庞大的理学体系。 ● 1131—1218 年，西辽政权，辽朝宗室耶律大石于中亚地区建立，为成吉思汗所灭。 ● 1132 年，德安守将陈规发明使用了"长竹竿火枪"，可发火烧伤敌人。 ● 1138 年，南宋政权定都临安。 ● 1139—1193 年，陆九渊，南宋儒学代表人物，提出"心即理"的命题，建立了被称为"心学"的理学体系。	■ 1130 年，诺曼人罗杰二世建立西西里王国。 ■ 1136 年，法王路易六世之子与阿奎坦公爵之女结婚，由此，阿奎坦归属法王。 ■ 1138—1254 年，德国历史上的霍亨斯陶芬王朝时期。

1130 ▶

中国	外国	年代
● 12世纪上，南宋出现管型火药武器。		
● 1140年，南宋军队在顺昌大败金军，遏制了金军南侵的攻势，史称"顺昌大捷"。	■ 1140年，葡萄牙统治者阿方索·亨利改称阿方索一世，葡萄牙独立。	
● 1140年，岳飞指挥岳家军在郾城大败金兀术亲自率领的精锐之师，获"郾城大捷"。		◀ 1140
● 1141年，南宋与金达成和议，向金朝称臣，双方划定边界，史称"绍兴和议"。		
● 1142年，在秦桧的策划下，岳飞以"莫须有"的罪名被杀害。		
	■ 1147年，被视为莫斯科建城的时间。	
● 1151年，金国皇帝迁都燕京。		◀ 1150
	■ 1152—1190年，德皇弗里德里希一世在位，致力于在意大利的扩张。	
	■ 12世纪中，英国大法官格兰维尔著《英格兰法律与习惯》，标志着英格兰习惯法时代到来。	
	■ 1154年，法国大封建主安茹伯爵成为英国国王，是为亨利二世，	

年代	中国	外国
		统治地区跨英吉利海峡两岸、英法两国。
	● 1163 年，南宋孝宗时与金再次达成和议，改君臣之国为叔侄之国，南宋地位有所改善，史称"隆兴和议"。	■ 1154—1399 年，英国历史上的安茹王朝（金雀花王朝）时期。
		■ 1171—1250 年，埃及阿尤布王朝时期，尊崇逊尼派伊斯兰教，恢复了逊尼派伊斯兰教在埃及的统治地位。
	● 1175 年，朱熹、陆九渊于信州（今江西境）鹅湖寺就治学方法和认识论问题进行辩论，此即中国哲学史上著名的"鹅湖之会"。	■ 1175 年，阿尤布王朝的萨拉丁接受阿拔斯王朝哈里发的册封，获"苏丹"称号。
1180▶	● 1180 年，宋淳熙七年，颁布法令禁止书坊擅刻书籍。	■ 1180—1223 年，法王菲利普二世在位，剥夺了英王在法国大陆的大部分领地，使法国王权大大巩固。
		■ 1187 年，阿尤布王朝的萨拉丁率穆斯林军队击败欧洲十字军，收复耶路撒冷。
	● 1187 年，金朝再次申明禁止女真人使用汉姓，不得学南人的服装。	■ 1191 年，十字军与萨拉丁缔约休战。
		■ 1192 年，源赖朝在镰仓设立将军幕府，日本开始进入幕府统治

中国	外国	年代
	时期。	

●1197 年，金朝承安二年，开始铸造银币"承安宝货"，是中国历史上白银成为法定货币之始。

■1199 年，教皇在全西欧范围内的征税权自此开始。

■12 世纪末，教士不再是国家文官的唯一来源，城市培养的法学家成为国王统治机构的重要成员。

■1199—1216 年，英王约翰在位，在欧洲大陆的领地除阿奎丹尽数丧失，史称"失地王"约翰。

■13 世纪，西欧农业技术改进，铁制工具越来越多，骡马普遍用于拉犁。

●1204 年，铁木真战胜群雄，统一中国北方大草原。

■1204—1261 年，拉丁帝国，十字军攻陷君士坦丁堡后建立。

●1206 年，蒙古各部贵族推选铁木真为全蒙古大汗，号"成吉思汗"，国号大蒙古国，蒙古国家由此成立。

■1206—1526 年，德里苏丹国，印度历史上第一个较为稳固的伊斯兰政权。

●1211—1216 年，蒙古进行了长达 7 年之久的对金战争，黄河以北大片地区尽落蒙古之手。

■1212 年，卡斯提尔国王统率的十字军在科尔多瓦以东的托罗萨击溃穆斯林军队，自此，阿拉伯人在西班牙的统一抵抗力量崩溃。

年代	中国	外国
1215▶	● 1214 年，金朝末年大规模的红祆军起义爆发。	■ 1215 年，英国贵族通过斗争迫使国王签署《大宪章》，它将国王置于法律约束之下，是英国宪法政治发展的一个起点。
		■ 1215 年，第四次拉特兰宗教会议，确定基督教七项圣礼，西欧基督徒的宗教生活从此规范化。
	● 1216—1233 年，东夏国，金辽东宣抚使蒲鲜万奴叛金自立所建政权，为蒙古所灭。	
	● 1218 年，西辽政权为蒙古所灭。	
1220▶	● 1219—1225 年，成吉思汗首次西征。先后灭花剌子模等国。	■ 1221 年，日本京都朝廷发动讨伐战争，企图废除幕府，恢复天皇权力，结果失败，史称"承久之乱"。
		■ 1226 年，德国莱茵城市同盟建立，旨在保护共同商业利益，最多时有 70 多个城市。
	● 1227 年，西夏为蒙古大军所灭。	■ 1226—1270 年，法王路易九世在位，亲政后进行司法改革和币制改革，使法国在统一道路上又迈出一大步。
	● 1231—1316 年，郭守敬，元朝科学家，改进和创制天文观测仪器，领导大规模的天文测量，编	

中国	外国	年代
制《授时历》。		
● 1234 年，宋蒙联军攻占金朝最后的政治中心蔡州（今河南汝南），金朝灭亡。		
● 1236 年，蒙古设立编修所、经籍所，编纂经史。		
● 1236—1241 年，蒙古汗窝阔台时期西征，征服了黑海以北高加索一带，蹂躏了波兰、匈牙利。		
● 1240 年，蒙古军队征吐蕃。	■ 1243—1502 年，钦察汗国，拔都在伏尔加河下游所建，又称金帐汗国，是沟通东西方的重要渠道。	
● 1245 年，教皇英诺森四世派传教士出使蒙古。		
● 1248 年，法王路易九世首次派遣教士出使蒙古。	■ 1250—1517 年，埃及马木路克王朝时期，击败蒙古西征军队；收复被十字军占领的全部土地。	◀ **1250**
● 1253 年，蒙古军灭亡大理，招降吐蕃，控制西南广大地区。		
● 1253—1258 年，蒙古蒙哥汗时期西征，征讨波斯，攻克巴格达，抄掠叙利亚，也带去了中国火药武器和制造方法，后传到欧洲。	■ 1257 年，德国历史上第一次由七大诸侯选举国王。	

年代	中国	外国
	● 1258 年，蒙古军大举侵宋，蒙哥汗攻蜀，忽必烈攻鄂。	■ 1258 年，英王在牛津举行的改革联席会议上，被迫接受《牛津条例》，表明"大议事会"开始向起议政作用并定期举行的"议会"转变。
		■ 1258 年，蒙古军队征服巴格达，消灭哈里发政权，阿拉伯帝国最后灭亡。
1260 ▶	● 1260 年，忽必烈在开平府即大汗位后，由中央政府在全国范围内统一发行纸币——交钞，这是世界上最早的纸币制度。	■ 1259 年，疆域囊括几乎整个亚洲和大部分欧洲的蒙古帝国分裂。
	● 13 世纪，活字印刷术传入朝鲜，火药传入阿拉伯地区。	■ 1261 年，尼西亚帝国皇帝消灭拉丁帝国，夺回君士坦丁堡，恢复了拜占庭帝国统治。
	● 1262 年，山东的地方割据势力李璮发动叛乱，不久忽必烈派军平定，史称"李璮之乱"。	
	● 1265 年，忽必烈派使臣出使罗马教廷。	
	● 1267—1293 年，元大都历时 26 年最终建成完工。	
	● 1271 年，忽必烈接受汉臣建议，	■ 1270 年，第八次十字军东征开始，法国国王路易九世在突尼斯

中国	外国	年代
建国号大元，是为元朝。	病死军中。	

● 1274、1281 年，元朝两次发动征日战争，皆以失败告终。

■ 1272—1307 年，英王爱德华一世时期，完成了对威尔士的征服。

● 1275—1292 年，意大利威尼斯商人马可·波罗居留中国。

■ 1275 年，英王爱德华一世颁布《威斯敏斯特第一条例》。

◀ **1275**

● 1276 年，蒙古大军攻陷南宋都城临安，宋恭帝及皇亲、官员数千人被押解北上，南宋灭亡。

● 1276 年，宋亡，宋恭帝异母兄益王赵昰在福州即位，建立流亡小朝廷，是为宋端宗。

● 1277—1347 年，危亦林，元朝外科医生，著《世医得效方》，其中有关麻醉药物的介绍是世界上最早的关于全身麻醉的记载。

■ 1278 年，英王爱德华一世颁布《永久管业法》，规定"宗教界不经特许不得插手各种封地，不能取得这些封地成为直属领主，从而致使本应随这些封地提供的军役被违法地取消"。

● 1279 年，宋蒙大军崖山决战，宋军大败，蒙古完成了中国自唐以后的又一次大统一。

● 1280 年，郭守敬编制成新历法，忽必烈赐名《授时历》，取"敬授民时"之意，命翌年颁行天下。

■ 1280 年，挪威开始与汉萨同盟的长期战争，失败后被迫以各种特权授予后者。

年代	中国	外国
	●宋朝时期,开始发行纸币"交子"(后改名"钱引")。海船建造技术提高,可载重2200斛,能在大风浪中平稳航行;使用隔离舱装置。发明了人工磁化技术和磁针的装置、使用方法。	
	● 1281—1291年,连通了南起杭州、北到大都、贯通南北的大运河。	
	● 1282年,自上海海道运粮抵大都的试航成功,沿海海运开通。	■ 1282年,所有德意志的汉萨商人组成了统一组织,克服了德意志商人的分散状态。
	● 1283年,文天祥被俘后拒绝元世祖忽必烈的亲自劝降,从容就义。	■ 1285—1314年,法王菲利普四世在位,通过联姻和战争扩大王室领地,加强吏治,建立税收制度,使法国王权进一步加强。
	● 1294年,奉教皇尼古拉四世之命往东方传教的教士孟特·科维诺到达大都,获在中国传教的许可。	
1295▶	● 1295年,元成宗派遣使节赴暹罗、真腊,随行成员周达观根据亲身见闻著《真腊风土记》一书。	■ 1295年,爱德华一世为解决各项重大问题,召集由大贵族、城市和骑士代表参加的国会,这次国会后被称为"模范国会",是为英国国会的开始。
		■ 1296年,马可·波罗旅行东方各国的见闻被记录整理成书,《马

中国	外国	年代
	可·波罗游记》在欧洲广为流传。	

外国

■14世纪，西欧人开始使用火药和火炮，在实战中日渐重要。

■14、15世纪，指南针开始用于航海，海员已经有了观测星象确定经纬度的初步知识，远洋航行的条件开始成熟。

■1302年，法王菲利普四世为加强同教皇斗争的力量，首次召开三级会议，这标志法国封建等级君主制建立。

■1309—1378年，教皇移居靠近法国边境的阿维农，成为法王控制下的傀儡，史称"阿维农之囚"。

■1325—1340年，莫斯科大公伊凡一世时期，被金帐汗册封为"弗拉基米尔及全罗斯大公"，公国领地不断扩张。 ◀ **1325**

■1326年，奥斯曼人攻占布鲁萨，并迁都于此，拜占庭帝国在小亚细亚的统治开始崩溃。

■1327—1377年，英王爱德华三世时期，骑士和市民代表参加国

中国

●1303年，察合台汗都哇与窝阔台汗察八儿向元朝求和，承认元朝的宗主国地位，于是订约言和。

●1309年，罗马教皇克莱门五世特设元朝大都为总教区，任命意大利传教士孟特·科维诺为大都暨东方全境的总主教。

●1326年，元朝高僧清拙正澄受镰仓幕府之邀赴日本，撰有《大鉴清规》，确立了日本禅林的规矩。

年代	中国	外国
1330 ▶	● 1331 年，元《皇朝经世大典》成书。此书是明修《元史》的重要依据。 ● 1336—1353 年，元帝与教皇互派使节访问。	会成为一项稳定的制度，也逐渐形成国会每年召开两次、上下院分别集会的习惯。 ■ 1333 年，日本天皇趁幕府势衰，联合武士贵族推翻镰仓幕府，恢复了天皇权力，建年号建武，史称"建武中兴"。 ■ 1336 年，日本势力强大的武士贵族足利尊氏自立为征夷大将军，在京都设将军幕府，开始室町幕府时期。
1345 ▶	● 1344 年，黄河水暴涨，北面溃决白茅堤、金堤，黄河中下游的州县都成了一片泽国。 ● 元朝时期，天主教传入中国，称"也里可温教"，明朝建立后在中国消失。 ● 元朝时期，首次出现了人类历史上的金属管火炮——火铳；造船技术达到更高水准，海船有十几间船舱，载重可达 400—500 吨；航海技术先进，已掌握用观测星高来确定地理纬度的牵星术，季候风被熟练利用，指南针得到普遍应用；和中国有海上贸易关系	■ 1337—1453 年，英法两国发生了长达 100 多年的战争，史称"百年战争"。 ■ 1346 年，克莱西战役，英军以少胜多，大败法军。 ■ 1348 年，捷克国王查理一世创办布拉格大学，这是中欧的第一所大学。 ■ 1348—1349 年，黑死病（腺鼠疫）横扫西欧，夺走了成千上万人的生命。 ■ 14 世纪中，奥斯曼国家将拜占

中国	外国	年代
的，菲律宾以南以西的沿海国家和地区达 97 个，最远到达今坦桑尼亚。	庭势力完全逐出小亚细亚，爱琴海至黑海之间地区尽归其所有。	
		◀ 1350
● 1351 年 5 月，刘福通在安徽一带起兵，元末人民大起义爆发，义军头裹红巾，故称"红巾军"（这支史学上称"东系红巾军"）。	■ 1351 年，法国颁布劳动法案，强迫劳动者按大疫之前的工资标准接受工作。	
● 1351 年 10 月，西系红巾军攻占蕲水（湖北境），以此为都建国，推徐寿辉为帝，国号天完。		
● 1354 年，泰州起事的张士诚自称诚王，国号大周。	■ 1354 年，奥斯曼土耳其人定居于达达尼尔海峡北岸的加里波利，这是土耳其人在欧洲第一次获得的立足点。	
● 1354 年，高邮战役，元军临阵易帅，张士诚趁机大败元军。此后元政府丧失权威，义军重振。		
● 1355 年，刘福通迎韩林儿至亳州为帝，又号"小明王"，建国号宋。		◀ 1355
● 1356 年，朱元璋成为濠州郭子兴军的最高领袖，以应天府为根据地，势力发展到安徽、浙江一带。	■ 1356 年，德皇查理四世颁布帝国立法确认选侯的身份和地位，因文本用金印戳盖而得名"金玺诏书"。	
	■ 1356 年，普瓦提埃战役，英王长子黑太子率军大败法军，法王	

年代	中国	外国
		约翰二世及大批贵族被俘。
		■ 1358 年，法国巴黎北部博韦地方爆发扎克雷起义，打击了封建势力，有利于促成法国的统一。
		■ 1358 年，德国北部汉萨城市同盟成立，长期垄断北欧贸易。
1360 ▶	● 1360 年，陈友谅杀徐寿辉自立为帝，国号为汉。	■ 1361 年，奥斯曼军队攻占亚得里亚堡，打开了入侵东南欧的大门。
	● 1364 年，朱元璋水陆大军围困武昌，汉亡。	■ 1364—1380 年，法王查理五世时期，励精图治，组织炮兵并改组海军，改变战术，使对英战局改观，除沿海据点几乎收复全部失地。
	● 1366 年，朱元璋遣部将将小明王沉入江中溺亡。	
	● 1367 年，朱元璋围困平江城，张士诚被俘，大周亡。	
	● 1367—1368 年，朱元璋派大军北伐，顺利攻入大都，元朝灭亡。	
	● 1368 年，朱元璋称帝，建元洪武，定国号为明，以应天为京师，明朝建立。	
	● 1370 年，元朝残余势力在明军追击下，移至大漠以北，改国号为鞑靼，史称"北元"。	■ 1369—1415 年，约翰·胡斯，捷克宗教改革家，曾任布拉格大学校长，被罗马教会以异端罪名处以火刑。

中国	外国	年代

● 1372 年，明朝大军击败盘踞西北的元将括廓帖木儿率领的元军残部，收山西、陕西、甘肃、宁夏。

● 1376 年，一些地方官吏赴户部核算钱粮时带有盖好官印的空白文册，以备钱谷数字不清时重新填造，事发后涉事掌印官被全部处死，史称"空印案"。

● 1380 年，朱元璋为防止相权过重导致官僚系统首脑专权乱政，诏谕革去中书省，由皇帝直接总揽天下政务。

● 1381 年，明军攻克曲靖，元宗室梁王巴匝剌瓦尔密自杀，云南平定。

● 1387 年，明朝基本再次实现了全国的统一。

● 1388 年，占据辽东的元将纳哈初归降明朝。

■ 1370 年，汉萨同盟迫使丹麦订立《施特拉尔松合约》，承认同盟商人的特权，同意同盟船只在松德海峡自由航行。

■ 1376 年，德国士瓦本城市同盟建立，城市最多时达 84 个。

■ 1378 年，莫斯科公国在沃查河畔击败进攻的金帐汗国军队，这是罗斯人第一次在反抗蒙古人的战争中取得胜利。

■ 1380 年，在顿河以西的库里科沃平原，莫斯科军队击败蒙古军，大公底米特里获"顿河英雄"称号，这是罗斯人摆脱蒙古统治一次有决定意义的胜利。

■ 1381 年，英国发生瓦特·泰勒领导的农民起义，加速了英国农奴制的瓦解。

■ 1389 年，科索沃战役，奥斯曼军队击败塞尔维亚国王统率的巴

◀ **1380**

年代	中国	外国
1400	● 明朝时，朱元璋设锦衣卫，以特务政治强化皇权专制主义，使常规司法监察系统受到干扰破坏。 ● 1399 年，燕王朱棣以"清君侧"为名在北平起兵，号为"靖难"军，史称"靖难之役"。 ● 14 世纪末，以日本和中国海盗为主体，勾结中国沿海豪门势力的武装走私、掠夺，成为持续扰乱沿海民生和国家安全的严重倭患。 ● 1402 年，靖难军攻陷南京，建文帝不知下落，朱棣即位，改年号为永乐。 ● 1403—1424 年，永乐时期，以程朱之学为标准编定《五经四书大全》和《性理大全》，颁布天下并令学校、科举参用，程朱理学	尔干联军，巴尔干诸国丧失独立地位。 ■ 1392 年，奥斯曼军队在多瑙河畔的尼科堡大败欧洲基督教诸国组成的十字军，完成了对巴尔干的征服。 ■ 1392 年，高丽部将李成桂兵变，废王自立，改国号朝鲜。 ■ 1396 年，奥地利开始作为一个国家实体出现在历史舞台上。 ■ 14 世纪末，帖木儿在中亚建立起庞大帝国。 ■ 1402 年，帖木儿帝国军队入侵小亚细亚，在安卡拉平原击败奥斯曼军队。

中国	外国	年代

成为国家确定的学术思想正宗。

● 1405—1433 年，明太监郑和七次率领大规模远洋贸易船队出使西洋（印度洋至非洲东海岸）诸国，这比欧洲人的航海远航早近半个世纪。

● 1407 年，由解缙主持编修的《永乐大典》成书。

■ 1407 年，热那亚的圣乔治银行成立，这是欧洲中世纪最大的银行之一，法国大革命后倒闭。

● 1414 年，明朝派遣陈诚等人出使中亚，陈诚著《使西域记》，介绍西域各国政治、经济和风俗。

■ 1419—1434 年，胡司战争，大规模的捷克农民战争，沉重地打击了以教皇、德皇为首的教俗反动势力。

◀ **1420**

● 1420 年，明成祖设立东缉事厂，简称"东厂"，以宦官提督，明代宦官政治肇端于此。

● 1421 年，明成祖为加强北部边疆防御，迁都北平（今北京）。

● 1425—1435 年，明仁宗、宣宗在位时，实行"与民休息"政策，社会进入了一个海内承平、民生繁庶的时期，史称"仁宣之治"。

■ 1429 年，法国民族女英雄贞德率军解奥尔良之围，扭转战局，被称为"奥尔良姑娘"。

● 1434 年，蒙古瓦剌部首领统一鞑靼和瓦剌两大部，逐步建立起元朝以后最大的蒙古汗国。

■ 1444 年，奥斯曼军队在黑海西岸的瓦尔纳大败匈牙利国王率领

年代	中国	外国
1455 ▶	● 1449 年，蒙古汗国对明朝大举进攻，明英宗御驾亲征，在土木堡（今河北境）兵败被俘，史称"土木之变"。 ● 1454 年，明代宗应朝鲜国王之请，向其赠送《宋史》等史书。 ● 1457 年，被尊为太上皇的明英宗趁明代宗生病之机发动政变复辟，史称"南宫之变"或"夺门之变"。 ● 1472—1529 年，王守仁，开创阳明学，提出"致良知"之说，使心学得到更系统的阐释，形成儒学演变发展的一个重要阶段。	的欧洲诸国十字军，巩固了在东南欧的统治地位。 ■ 1453 年，奥斯曼军队攻陷君士坦丁堡，改称伊斯坦布尔并作为首都，拜占庭帝国灭亡。 ■ 1455—1485 年，玫瑰战争，英国兰开斯特家族（红玫瑰为徽）与约克家族（白玫瑰为徽）为首的两派封建主集团发生的战争，封建大贵族两败俱伤。 ■ 1456 年，德国古腾堡用活字排版印刷了《圣经》，这是西欧最早的活字印刷品。 ■ 1467 年，日本室町幕府第八代将军的继嗣问题，引发了一场持续十年的全国性大混战，史称"应仁之乱"，日本历史进入战国时代。 ■ 1469—1527 年，马基雅维里，意大利政治思想家，著《君主论》。 ■ 1473—1543 年，哥白尼，波兰天文学家，著《天体运行论》，提出"太阳中心说"。

中国	外国	年代
● 1477 年，明宪宗设立由宦官掌握的西厂，从事特务监察活动，其声势远出东厂、锦衣卫之上。	■ 1478—1535 年，托马斯·莫尔，英国空想社会主义者，著《乌托邦》，在思想史上第一次设想了共产主义蓝图。	
● 1480 年，明朝派兵征讨鞑靼。	■ 1480 年，蒙古统治罗斯的历史结束，莫斯科成为独立统一的中央集权国家。	◄ 1480
● 1484 年，鞑靼重新入居河套地区。	■ 15 世纪下，《佛罗伦萨药典》，欧洲最早由国家颁布的药典。	
	■ 1483—1546 年，马丁·路德，德国宗教改革家，提出"因信称义"的宗教改革理论，创立新教派别路德宗。	
	■ 1485—1603 年，英国都铎王朝时期。	
● 1487 年，明孝宗后，科举试题出于《四书》《五经》，答题格式固定化为八个部分，称为"八股文"。	■ 1487 年，葡萄牙人迪亚斯沿非洲西海岸向南航行，发现了非洲南端的好望角。	
● 1487—1505 年，明孝宗弘治皇帝在位时，励精图治，锐意改革，使国家呈现出政治清明、社会安定的繁荣局面，史称"弘治中兴"。		

年代	中国	外国
	● 1492 年，广西古田壮族人民起义；贵州都匀苗民起义。	■ 1492 年，卡斯提尔军队进入格林纳达，穆斯林在西班牙的最后一个据点陷落。
		■ 1492 年，意大利航海家哥伦布从西欧出发一直向西航行，发现了美洲新大陆。
		■ 1493 年，教皇确定以亚速尔群岛和佛得角群岛以西 100 里格的子午线为分界线，史称"教皇子午线"，以西土地归西班牙，以东归葡萄牙。
		■ 1494 年，西葡两国缔结《托得西拉斯条约》，把教皇子午线向西移动 270 里格。
		■ 1494—1559 年，法王与德皇为争夺意大利而展开长期战争，以缔结《卡托·坎布雷齐和约》告终。
	● 1497 年，明孝宗下诏始修《大明会典》，这是以记载中国明代典章制度、行政法规为主的官修书，也是研究明史的重要文献。	■ 1497—1498 年，葡萄牙人达·伽马沿非洲西岸经好望角进入印度洋，开辟了东西方贸易的新航线。
		■ 1500 年，葡萄牙卡布拉尔远征队去印度途中，在赤道海流冲击下，漂流到南美洲巴西登陆，于是巴西成为葡萄牙领地。

中国	外国	年代
	■ 1501 年，第一艘满载非洲奴隶的船只到达圣多明各岛。	
● 1503 年，明孝宗重申亲王之国旧例，规定：亲王之国，船不过五百艘，其军校船自备挽。	■ 1505—1533 年，瓦西里三世时期，莫斯科最终实现了全罗斯的统一。	
● 1508 年，明武宗增设"内行厂"，号令和监控东、西厂特务机关，这些由宦官掌握的特务机关，不循律例规则，对全国上下实行恐怖政治和肆意掠夺。	■ 1509 年，葡萄牙人在阿拉伯海的第乌港附近击败穆斯林舰队，进而确立了印度洋上的霸权。	
● 1510 年，霸州爆发了刘六、刘七领导的武装暴动，历时三年被明军击败。	■ 1509—1564 年，约翰·加尔文，法国人，宗教改革家，著《基督教原理》提出系统的新教神学理论，创立了新教加尔文派；其关于"预定论"的宗教学说，鼓舞了新兴资产阶级的进取精神。	◀ 1510
	■ 1511 年，葡萄牙人侵入马六甲，控制海上通道，严重影响了中国与南洋的贸易。	
	■ 1514—1564 年，维萨里，比利时医生，近代解剖学奠基人。	
● 1516 年，王守仁巡抚南赣等地，通过改组军队并行十家牌法，两年间基本平定横行数十年之巨寇。	■ 1516 年，法国国王同教皇缔结《波伦亚协定》，规定国王有权任命本国教会的高级教职，有权向	

年代	中国	外国
		教士征税，教皇只保留在法国征收年捐的权利。
	●1517年，葡萄牙国王遣使率舰队来华，在广东遭地方政府拒绝入境后，开炮强行进入广州。	■1517年，马木路克王朝灭亡，埃及结束独立发展过程，沦为奥斯曼帝国行省。
	●1518—1593年，李时珍，明代名医，所著《本草纲目》是药物学巨著，对后世影响巨大，并被译成多种外国文字。	■1517年，奥斯曼土耳其素丹谢里姆一世，以哈里发的资格接管了麦加克尔白神庙的钥匙，帝国成为伊斯兰世界的政治宗教中心。
	●1519年，宁王朱宸濠在南昌起兵叛乱，汀赣巡抚王守仁联合湖广、两广驻军平息了叛乱。	■1519—1521年，西班牙贵族赫南多·科泰斯征服北美大陆上的印第安人阿兹特克帝国。
		■1519—1522年，麦哲伦率船队从西班牙出发，历时三年，完成了人类历史上第一次绕全球一周的航行。
		■1520—1566年，奥斯曼土耳其帝国素丹苏莱曼一世时期，也是帝国的全盛时代。
	●1521—1528年，杨廷和为首的文官系统与明世宗嘉靖皇帝，围绕皇统礼仪伦序发生长达七年的争执，即"大礼议风波"，后以编定《明伦大典》做终结，皇帝维持了在国家体制中的绝对权力。	

中国	外国	年代
● 1522—1566 年，明世宗嘉靖时期，玉米和甘薯从美洲经东南沿海及缅甸传入中国，提高了中国食品生产的总产量。	■ 1524—1525 年，德国爆发规模宏大的农民战争，沉重打击了天主教会在德国的势力。	
● 1526 年，明世宗下诏禁严刑，规定有严刑致人以死的，降革如法；上官容隐，不及时参究的，一律治罪。	■ 1526 年，莫哈奇大战，奥斯曼土耳其军队击溃匈牙利军队，匈牙利分裂。	
	■ 1526—1857 年，印度莫卧儿帝国时期。	
● 1527 年，广西发生卢苏、王受为首的土司反叛，王守仁兵不血刃，招抚其众 7 万人，卢苏等二人归附。	■ 1526 年，第一次帕尼帕特战役，帖木儿帝国后裔巴布尔率军与印度德里苏丹会战，德里军惨败，德里苏丹王朝结束，莫卧儿人开始统治印度。	
● 1527—1602 年，李贽，明清之际反封建启蒙思想的先驱。他敢于打破千百年来对孔子的迷信，宣称不能以"孔子之是非为是非"；反对宋明理学家鼓吹的"存天理，去人欲"的说教。	■ 1530—1596 年，博丹，法国资产阶级政治思想家，著《国家论》，提出国家主权理论。	◀ 1530
	■ 1531—1532 年，西班牙人弗朗西斯科·皮萨罗率远征军征服了印加帝国。	
● 1534 年，明世宗批准户部推行"垦田劝农法"，查勘荒田，招集流民，督劝耕垦。	■ 1534 年，英国议会通过"至尊法"，宣布国王是英国教会唯一的、至高无上的首脑，英国与罗马教	

年代	中国	外国
		廷正式决裂。
		■1534 年，耶稣会成立，创始人是西班牙贵族伊格纳修·罗耀拉，旨在重振罗马教会，重树教皇权威，扩大天主教的影响。
1535 ▶	●1535 年，葡萄牙人通过行贿获准在澳门停泊贸易船只，后成为葡萄牙在中国东南门户的一个殖民据点。	■1538 年，普列维萨战役，奥斯曼土耳其海军大败西班牙和威尼斯的联合舰队。
		■1539 年，法王法兰西斯一世下令国家法令使用法语，不得使用教会惯用的拉丁语。
	●1540 年，明世宗因"江洋群盗，凶焰甚炽"，复设镇守江淮总兵，驻扎镇江，提督沿江上下兵防。	■1541—1546 年，西班牙殖民者侵占尤卡坦半岛，玛雅人的独立发展被打断。
1545 ▶	●1545 年，明朝再次禁止葡萄牙船驶入宁波港，葡人被迫使用广东浪白澳为泊口。	■1545—1565 年，天主教会发动了反宗教改革运动，着手革除天主教内部弊端，但在信仰问题上，坚持罗马教会的教条和仪式正确无误，教皇是最高权威，唯有教会有权解释《圣经》。
		■1547 年，莫斯科大公伊凡四世亲政，改称"沙皇"。
	●1548—1549 年，浙江巡抚朱纨	■1548—1600 年，布鲁诺，意大

中国	外国	年代
遣军进攻葡萄牙人占据的宁波双屿、泉州浯屿，大获全胜，打击了殖民者及与其勾结的中国豪民。	利人，反对宗教蒙昧主义的伟大思想家，因宣传唯物主义世界观和捍卫哥白尼学说，被罗马教廷处以火刑。	
● 1550 年，蒙古俺答部大举入侵明边，进古北口，直逼京师，大肆劫掠数日后撤军，这次严重的边患史称"庚戌之变"。	■ 1550 年，西班牙已征服葡属巴西以外的整个南美、中美及北美的一部分。	◀ 1550
	■ 1552—1556 年，俄沙皇伊凡四世陆续征服伏尔加河中下游各蒙古汗国，乌拉尔山脉以西尽入俄国版图。	
● 1555 年，南京兵部尚书张经统率俞大猷等将领于浙江嘉兴大破倭寇。	■ 1555 年，德国路德派诸侯与皇帝为首的天主教诸侯之间缔结了《奥格斯堡条约》，规定诸侯有权决定其臣民的信仰，即"教随国定"的原则，路德派新教得到正式承认。	
	■ 1556 年，第二次帕尼帕特战役，莫卧儿帝国军队击败阿富汗苏尔王朝军队，结束了阿富汗人与莫卧儿人在印度争霸的历史，为进一步统一印度奠定了基础。	
● 1557 年，葡萄牙殖民者于澳门私自扩充居地，设官管理，非法将澳门变为殖民地，成为西方殖民者侵略中国最早的一个据点。		
● 1559 年，戚继光招募、训练"戚家军"，演习"鸳鸯阵法"，多次大败倭寇，浙江倭患渐息。	■ 1558—1583 年，立窝尼亚战争，沙皇为争夺波罗的海沿岸地区和出海口，与瑞典、波兰、立陶宛等国进行的战争。	

年代	中国	外国
1560 ▶		■1560—1605年，印度莫卧儿帝国阿克巴大帝时期，扩张帝国版图，实行一系列改革政策，使帝国进入兴盛时代。 ■1561—1626年，弗朗西斯·培根，英国近代科学家，提出研究自然科学的新方法——归纳法。
	●1562年，倭寇窜入福建，攻陷兴化府，将府城焚掠一空，远近为之震动。	■1562—1598年，胡格诺战争，法国宗教战争，在南方信仰新教的胡格诺派贵族与北方天主教集团之间进行。
	●1563—1564年，俞大猷、戚继光等率部围剿倭寇盘踞的平海，福建倭患平定。	■1563年，英国议会制定《39条信纲》，规定了英国教会的教义。
	●1564年，俞大猷等在广东海丰等地屡破倭寇，东南沿海由中外海盗造成的动乱至此平息。	■1564—1642年，伽利略，意大利科学家，发明了摆针和温度计，倡导数学与实验相结合的研究方法，被誉为"近代力学之父""近代科学之父"。 ■1565年，西班牙征服佛罗里达，在北美建立了第一个殖民地。 ■1565年，西班牙殖民者占领菲律宾，作为在东方进行贸易的根据地。

中国	外国	年代
● 1567 年，明政府下令开放海禁，"准贩东西二洋"，通海体制维持到明末，此间是中国民间对外贸易发展的黄金时期。	■ 1566 年，西属尼德兰爆发革命，这是人类历史上第一次成功的资产阶级革命。	
	■ 1568—1639 年，康帕内拉，意大利政治思想家，早期空想社会主义者，著《太阳城》。	
	■ 1569 年，《卢布林合并条约》，规定波兰立陶宛正式合并，组成一个国家。由此，波兰立陶宛王国成为东欧的封建强国。	
	■ 1571 年，勒盼多战役，西班牙与威尼斯、教皇结盟，大败土耳其舰队，遏制了土耳其对西地中海的进攻。	◀ **1571**
● 1573—1582 年，内阁首辅张居正主持国政，推行了一系列的整顿和改革措施，使国家行政系统效率提高，维护了社会稳定，促进了经济发展。	■ 1573 年，西班牙夺取北非的突尼斯。	
● 1573—1620 年，明神宗万历年间，烟草从吕宋传入中国，对农业的经济效益提高产生了促进作用。		
● 1578—1581 年，张居正主持对全国土地重新丈量，在此基础上		

年代	中国	外国
	推行"一条鞭法",即根据田产和丁口,将应承担的赋役一律折合为白银征收。这一改革稳定了社会和国家财政。	
1580 ▶	● 1578—1579 年,工部侍郎潘季驯放弃过去疏浚河道的治理之法,而归束黄河依势入海,同时引淮河清水加强水流使不至淤淀,复修筑堤坝以防溃决。此后数年,黄河不为大患。	■ 1580 年,西班牙用武力兼并了葡萄牙王国及其海外殖民地,其霸权达到顶峰。
		■ 1581 年,奥兰治亲王在海牙召集联合省代表大会,宣布正式脱离西班牙独立,成立联省共和国,简称荷兰共和国。
	● 1583 年,意大利人罗明坚和利玛窦组织第一个中国耶稣会传教团在广东肇庆定居下来。	■ 1581—1584 年,俄国征服了乌拉尔山脉以东的蒙古人汗国。
	● 1586 年,明神宗万历皇帝自此之后以身体不佳为名很少上朝,也很少接见大臣,皇帝操权柄而不理庶务,时称"九重渊默"。	■ 1585—1642 年,黎塞留,法国红衣主教,路易十三时任首席大臣,执行"国家利益至上"政策,使法国工商业发展,专制王权巩固,恢复了在欧洲的重要地位。
		■ 1588 年,英国和西班牙爆发海战,西班牙"无敌舰队"被击溃,英国初步夺得了大西洋航线的控制权。

中国	外国	年代
	■ 1588—1679 年，霍布斯，英国政治思想家，著《利维坦》阐述其社会政治思想。	
● 1591—1666 年，汤若望，德国人，耶稣会士，明思宗崇祯时参与修订历法，后编成《崇祯历书》。	■ 1591 年，奥斯曼土耳其人入侵匈牙利。	
● 1592 年，"一条鞭法"在全国的普遍实行，使实物赋税和直接力役改为货币赋役，推动了农民与市场的结合。	■ 1592—1598 年，日本关白丰臣秀吉两度率军入侵朝鲜，中国明朝军队援朝抗倭，取得胜利。	
● 1592 年，宁夏副总兵发动叛乱，获河套地区鞑靼人相助，明朝军队最终发黄河水淹宁夏城，才平息叛乱。		
● 1593 年，吏部尚书孙铖主持京察（京官考察），许多阁臣任用的私人和吏部大员的姻亲也在被贬斥之列，史称其"秉公澄汰"或"无所徇私"。	■ 1593 年，法王亨利四世放弃新教，改宗天主教。	
● 1594 年，罢官的吏部郎中顾宪成，得到资助重建东林书院，聚集士人讲学，形成东林学派。	■ 1596—1650 年，笛卡尔，法国人，既是哲学家，又是物理学家、数学家、生理学家，主张怀疑一切，提出观察和思考是新的科学方法的两大原则。	

年代	中国	外国
1600 ▶	● 1601 年，利玛窦得到明朝允许定居北京，并在北京建立天主教堂传播天主教。 ● 1601—1615 年，努尔哈赤陆续把女真壮丁组织起来，最后形成八个"旗"，由此建立起兵民一体、军政合一的"八旗制度"。 ● 1603 年，徐光启结识利玛窦，在交往中学习了许多西方科学知识，此后致力于介绍、实验和应用西法来救助明朝的危机，著有《农政全书》，与利玛窦合译《几何原本》。 ● 1610—1695 年，黄宗羲，明清之际思想家，提出"天下为主，君为客"的命题、"有治法而后有治人"的法治思想，对封建专制	■ 1598 年，法国波旁王朝国王亨利四世颁布"南特敕令"，宣布天主教为国教，同时胡格诺派取得合法地位。 ■ 1600 年，英国东印度公司成立，这个由英国政府特许的合股公司，逐渐发展为拥有广大领土的殖民政权，为英国在远东的殖民扩张奠定了基础。 ■ 1603 年，日本德川家康夺取政权，自立为征夷大将军，在江户设立幕府，是为德川（江户）幕府统治的开始。 ■ 1606—1607 年，俄国爆发波罗特尼科夫领导的农民起义。 ■ 1609 年，西班牙同荷兰签订休战协定，事实上承认共和国独立。

中国	外国	年代
政体进行了猛烈抨击，其激进的社会政治思想对近代社会的思想启蒙起到了重要作用。著《明夷待访录》《明儒学案》等。 ● 1613—1682年，顾炎武，明清之际思想家，倡导"经世致用"的学风与治学方法；提出"收天子之权寄之天下之人"的社会主张。著《天下郡国利病书》《日知录》等。 ● 1616年，建州女真首领努尔哈赤初步统一女真之后，在赫图阿拉（今辽宁境）称汗登基，建国号金，史称"后金"。 ● 1619年，努尔哈赤率后金军队于萨尔浒击败明朝军队，取得"萨尔浒大捷"，随后征服叶赫部女真，实现了对女真全部的统一。 ● 1619—1692年，王夫之，明清之际思想家，在本体论上，认为"气"是宇宙万物之源；在认识论上，建立了以"行"为基础的"知行合一"观；在历史观上，坚持进化论。	■ 1613—1917年，俄国罗曼诺夫王朝时期。 ■ 1615年，大阪之战，德川家康消灭丰臣氏残余势力，使日本摆脱长期内战，实现国家统一。 ■ 1618—1648年，三十年战争，因德国内部矛盾演变成的欧洲各国间的冲突。 ■ 1619—1683年，科尔伯，法国路易十四时任财政总监，执行重商主义政策，促进了法国工商业的发展。 ■ 1620年，英国百余名清教徒乘"五月花号"航船渡海赴美，在北美新英格兰建普利茅斯殖民地。	◀ 1615

年代	中国	外国
1620 ▶	● 1621—1627 年，明熹宗天启年间，宦官魏忠贤结党专权，大批东林派人士被捕杀、放逐、禁锢。 ● 1621—1644 年，明熹宗天启、思宗崇祯时期，大江南北兴起了普遍的知识分子结社运动，著名的有复社、应社等。 ● 1621—1625 年，努尔哈赤陆续征服了辽东大部分地区后，迁都沈阳。 ● 1623—1688 年，南怀仁，比利时人，来华耶稣会士，康熙时任钦天监正，制造天文仪器，还为清政府监制大炮，著《康熙永年历法》。 ● 1626 年，西班牙殖民者侵入台湾，占据了北部的基隆和淡水。 ● 1627 年，陕西地区爆发农民王二率领的饥民暴动，揭开了明末农民大起义的序幕。	■ 1622 年，法王路易十三与胡格诺派媾和,恢复"南特敕令"效力。 ■ 1628 年，英国议会通过"权利请愿书"，规定国王不经议会同意不得征收捐税，不出示具体罪证不得任意捕人，和平时期不能随意实行军事法等。 ■ 1632—1704 年，约翰·洛克，英国近代政治思想家，著《政府

中国	外国	年代
	论》，有关自由思想的阐释为英国人反抗专制王权、维护自由传统提供了理论依据。	

■ 1633—1639 年，日本幕府连续五次颁布"锁国令"，确立了此后200 余年的"锁国体制"。

● 1636 年，皇太极于盛京正式登基称帝，改国号为清，是为清朝的开始。

■ 1640 年，英国资产阶级革命爆发。　◀ **1640**

● 1640—1642 年，清军在辽西地区的松山击溃明军，继而攻陷锦州，取得"松锦会战"的胜利，打开了通往山海关的重要通道。

■ 1642—1727 年，艾萨克·牛顿，英国近代科学家，其最大的贡献在物理学方面，发现了宇宙的法则。

● 1642 年，荷兰殖民者大败盘踞在台湾北部的西班牙殖民者，全部占领台湾，把台湾变成其殖民地。

■ 1642—1648 年，英国以国王查理一世为首的王党势力，与以议会为核心的资产阶级阵营爆发内战。

● 1643 年，起义军领袖李自成进入湖广，攻克襄阳后称新顺王，建立政权。次年，李自成宣布建国号为大顺，年号永昌。

■ 1644 年，克伦威尔率领议会军在马斯顿荒原大败国王军，议会得以控制北部地区。

● 1644 年，张献忠进军四川，在

年代	中国	外国
	成都称帝，国号大西。	■ 1644 年，法国军队将神圣罗马帝国皇帝的势力逐出莱茵河中游地区。
	● 1644 年，李自成率大军北伐，攻克北京。明思宗崇祯皇帝自缢身亡。	
	● 1644 年，福王朱由崧在一批明朝遗老和残存军事势力的拥立下，于南京称帝，年号弘光，控制江南半壁江山。后于1645年被清军灭亡。	
1645 ▶	● 1644 年，李自成撤离北京后，清顺治帝迁都北京。	■ 1645 年，纳斯比战役，英国克伦威尔领导的"新模范军"彻底击败王党军队。
	● 1645 年，李自成败退至湖北，遭地主武装袭击身亡，大顺政权覆灭。	
	● 1645 年，清军攻打扬州，史可法率全城军民誓死抵抗，城陷后，清军持续杀戮十余日，史称"扬州十日"。	
	● 1645 年，南明残余势力相继于绍兴、福州拥立鲁王朱以海、唐王朱聿键建立鲁王政权和唐王政权，存在不到一年。	
	● 1645 年，清廷向全国发布"薙发令"，嘉定民众在侯峒曾等领导	

中国	外国	年代
下展开反剃发斗争，失败后三次遭清军血腥屠杀，史称"嘉定三屠"。 ● 1646年，张献忠在四川遭清兵袭击身亡，大西政权覆灭。 ● 1648年，清廷下谕旨，为使满汉官民互相亲睦，允许联姻。 ● 1648年，清廷开始设立六部汉尚书、都察院汉左都御使各一名。 ● 1650年，郑成功在厦门建立抗清基地。 ● 1652年，西藏五世达赖来京，受到顺治帝的隆重礼遇和册封，由此确立了其在藏传佛教中的最高宗教地位。	■ 1646年，英王查理一世逃到苏格兰，拒绝向议会妥协。 ■ 1648年，《威斯特伐利亚条约》，三十年战争交战双方签订，打击了哈布斯堡家族，德意志分裂加深，法国开始在国际事务中占据主导；开创了国际会议解决国际问题的先例。 ■ 1648—1653年，投石党运动，法国资产者、城市贫民和农民联合反对专制制度的人民运动。 ■ 1649年，英国国王查理一世受到审判，并被送上断头台。英吉利共和国建立。 ■ 1653—1658年，英国实行护国公制度，克伦威尔任终身护国公，实行军事专制统治。 ■ 1654年，在英荷战争中失败的荷兰被迫与英国订立《威斯敏斯特条约》，承认英国的"航海条例"，英国海上贸易优势地位得以确立。	

年代	中国	外国
		■ 1654 年，苏格兰被合并于英国。
1660▶	● 1660 年，法国成立了专门从事中国贸易的公司，此后不断派遣传教士来华传教。	■ 1660—1688 年，英国斯图亚特王朝复辟时期。
	● 1661 年，在沿海坚持抗清的郑成功驱逐荷兰殖民者收复台湾，建立延平王府，仍奉南明为正统。	■ 1661—1715 年，法国波旁王朝路易十四时代。
		■ 1664 年，法国成立东印度公司，开始侵略印度。
	● 1669 年，康熙帝智擒擅权的辅政大臣鳌拜，恢复了皇权专制秩序。	
	● 1673—1681 年，平西王吴三桂发动叛乱，平南王、靖南王起兵响应，形成"三藩之乱"，最终，清军消灭地方割据势力，维护了国家统一。	■ 1679—1681 年，在此届议会中，英国最早的辉格派和托利派出现。
	● 1683 年，清军击溃驻扎澎湖的郑军主力，延平王郑克塽投降，清政府统一台湾，置台湾府，设总兵驻守。	
	● 1685—1686 年，清军两次围攻盘踞雅克萨的俄军，迫使俄政府接受和谈建议。	■ 1685 年，法王路易十四宣布废除"南特敕令"，公开进行宗教迫害，大批胡格诺教徒流亡国外，使法国丧失大量技术人才。

中国	外国	年代
● 1688 年，漠西蒙古的准噶尔贵族噶尔丹兴兵进攻漠北的喀尔喀部，并借机进入漠南，威胁清朝北疆。	■ 1688—1689 年，英国议会邀请荷兰执政威廉与其妻玛丽共同统治英国，是为"光荣革命"，此后英国逐步建立起立宪君主制的原则。	
	■ 1688—1697 年，奥格斯堡同盟战争，法国与反法的奥格斯堡同盟国家进行的战争，削弱了法国的霸权地位。	
● 1689 年，中俄签订《尼布楚条约》，划定了两国东段边界线，使东北地区维持了 150 余年的和平。	■ 1689 年，英国议会通过《权利宣言》并制定为法律，是为《权利法案》。	
● 1690 年，清军于克什克腾旗南境的乌兰布通击溃准噶尔部。	■ 1689—1755 年，孟德斯鸠，法国启蒙思想家，著《论法的精神》阐述其政治思想。	◀ 1690
● 1691 年，康熙帝召集喀尔喀蒙古贵族在多伦诺尔会盟，结束了喀尔喀内部纠纷，加强了清朝对北部边疆的有效管辖。	■ 1694—1778 年，伏尔泰，法国启蒙思想家。著有《哲学通信》《路易十四时代》等。	
● 1698 年，第一艘法国商船抵达中国，有一批传教士随船而来。	■ 1697 年，俄国沙皇彼得一世派遣使团出使西欧，考察西方国情，自己扮成随员随团出访。	

年代	中国	外国
1700	● 1699 年，清圣祖康熙第三次南巡。 ● 1699 年，第二批法国耶稣会士来到中国，带来法王路易十四送给康熙的礼物——书籍和天文仪器。 ● 1701 年，棉织业和丝织业中心苏州发生踹匠罢工示威，持续近一年。 ● 1705 年，罗马教皇特使多罗主教来到中国，觐见康熙皇帝。	■ 1699 年，奥斯曼土耳其与奥地利、波兰、威尼斯签订《卡罗维兹和约》，被迫割让大片领土，这是奥斯曼帝国第一次作为战败国而签订的和约，标志帝国已从对欧洲的进攻转为防御。 ■ 18 世纪初，西方国家提出恒星自行观点。 ■ 1700—1721 年，北方战争，俄国打败瑞典，签订《尼斯塔得和约》，夺取波罗的海控制权。 ■ 1701 年，英国议会通过"嗣位法"，对王权做了具体限制，把包括王位继承权等重大问题掌握在议会手里，从而确立了议会高于王权，司法权独立于王权的原则，奠定了立宪君主制的基础。 ■ 1701 年，普鲁士公爵腓特烈一世，从神圣罗马帝国皇帝处获得"普鲁士国王"称号。 ■ 1701—1713 年，西班牙王位继承战争，英国成为最大受益者，国际地位逐步上升。 ■ 1706—1790 年，本杰明·富兰

中国	外国	年代

克林，美国启蒙思想代表。

● 1712 年，康熙帝颁布"滋生人丁永不加赋"诏令，固定了丁银数额，一定程度上减轻了人民负担。

■ 1712—1778 年，让 - 雅克·卢梭，法国启蒙思想家，《社会契约论》是其政治思想的代表作。

● 1716—1718 年，漠西蒙古准噶尔贵族发兵西藏，建立起亲准政权，后清军入藏，击溃准噶尔军，建立新的西藏地方政府，恢复了西藏社会秩序。

● 1723 年，漠西蒙古和硕特部贵族罗卜藏丹津在青海发动叛乱，清廷平定叛乱后设立西宁办事大臣，管理青海事务。

■ 1723—1790 年，亚当·斯密，英国古典政治经济学代表人物，被誉为"经济学之父"，所著《国富论》创立了第一个系统的政治经济学体系。

● 1723 年，雍正正式下令在全国推广"摊丁入地"制度，从而结束了清初赋役制度混乱的局面。

◀ **1725**

● 1727 年，清廷在西藏设立了两个驻藏大臣，西藏地方和中央政府隶属关系加强。

● 1729 年，雍正为西北用兵处理军务之需设军机处，后发展成清朝最高中枢机关。

■ 1729—1797 年，爱德蒙·伯克，英国保守主义代表人物。

● 18 世纪上，乾隆时期，在发展

■ 1733 年，英国棉纺织业中出现新技术，约翰·凯伊发明飞梭，

年代	中国	外国
	较快的丝织业和棉织业这两个行业的生产与流通领域，出现了手工业工场和包买商。	大大提高了工作效率。
1740 ▶	● 1740年，乾隆皇帝为《大清律例》御制序文，并命颁行。	■ 1740—1748年，奥地利王位继承战争，加强了英国和普鲁士的实力，削弱了法国和奥地利。
		■ 1740—1786年，普鲁士腓特烈二世时期，普鲁士发展成欧洲强国。腓特烈二世被尊为"腓特烈大王"。
	● 1743年，清廷决定在永定河上游开渠筑坝。	■ 1743—1803年，杜桑·卢维杜尔，海地杰出的黑人领袖，在长达10年的时间里，领导了海地人民的民族独立战争。
	● 1746年，《九宫大成谱》编成，该书汇集了唐宋元明清词、诸宫调及曲调，较为详备。	■ 1746—1761年，英国和法国为争夺印度进行了三次大规模战争，结果法国势力被排挤出印度。
		■ 1751年，法国唯物主义哲学家狄德罗开始主持编撰《百科全书》，作者们被尊称为"百科全书派"。
		■ 1753年，美国科学家本杰明·富兰克林制出避雷针，后来又发表了关于电的全面的理论。
	● 1754年，清廷出兵征讨漠西蒙古准噶尔部，基本稳定了天山北麓的局势。	

中国	外国	年代
● 1757 年，清政府自此开始实行广州一口通商贸易，即在广州委托广东洋行商人组织——公行，管理进出口贸易。	■ 1756—1763 年，七年战争，法国失去欧陆霸主地位，殖民地丧失殆尽；英国最终确立起海上和殖民霸权。	
● 1757 年，英国占领印度的鸦片产地孟加拉后，竭力发展对华鸦片贸易。	■ 1757 年，英国海盗克莱武利用孟加拉内讧，在普拉西战役中取胜，为英国在印度的殖民统治奠定了基础。	
● 1757—1759 年，清军平定维吾尔贵族和卓兄弟的叛乱，统一了南疆。		
● 1762 年，清政府设立伊犁将军，总统天山南北两麓（今新疆）事务。	■ 1760 年，欧洲人发明了在航海中可以测定经度的经线仪。	◀ **1760**
● 1762 年，经康熙、雍正、乾隆三朝的努力，清政府基本完成了对边疆地区的统一，奠定了现代中国版图的基础。	■ 1765 年，英国织布工哈格里夫斯发明了多轴纺纱机，命名为"珍妮纺纱机"。	
● 1770 年，游牧于伏尔加河流域的蒙古土尔扈特部，在首领渥巴锡的率领下，跋涉万里回到祖国。	■ 1772、1793、1795 年，俄、普、奥三国三次瓜分波兰，独立的波兰从地图上消失。	
	■ 1772—1823 年，大卫·李嘉图，英国古典政治经济学代表人物，	

年代	中国	外国
		斯密学说的继承者。
	● 1773 年，英印殖民政府确定了大量种植和向中国输入鸦片的政策，并给予东印度公司制造和专卖的特权。	■ 1773 年，英国北美殖民地发生"波士顿倾茶事件"。
		■ 1773—1775 年，普加乔夫起义，俄国历史上规模最大的农民起义，沉重打击了沙皇专制统治。
	● 1774 年，英国东印度公司秘书波格尔以通商为名进入西藏拜会六世班禅。	■ 1774 年，英属北美殖民地第一届大陆会议在费城召开。
1775 ▶	● 1775 年，清廷派军分兵两路平定准噶尔部首领的叛乱。	■ 1775 年 4 月，英国北美殖民军与殖民地武装在莱克星顿发生冲突，这是北美人民的武装力量第一次与英国正规军交锋，揭开了北美人民反英战争的序幕。
		■ 1775 年 6 月，第二届大陆会议任命乔治·华盛顿为殖民地军总司令。
		■ 1775—1819 年，英国先后在印度进行了三次侵略马拉特的战争，占领中部印度。
	● 1776 年，清军平定了四川大小金川叛乱，标志着清政府实现对川西的控制。	■ 1776 年 1 月，潘恩发表《常识》呼吁独立，从而扭转了北美的舆论。

中国	外国	年代
●1778年，清政府拨巨资在承德修建了须弥寿庙以资班禅安禅。	■1776年7月4日，大陆会议发表《独立宣言》，极大地鼓舞了北美人民的革命斗志，成为北美人民争取独立的旗帜。 ■1777年，萨拉托加大捷，美国独立战争的转折点，是推动法国参加反英战争的决定性因素。 ■1778年，法国与美国签订《同盟条约》，参加反英战争。 ■1778—1850年，何塞·圣马丁，南美南部拉普拉塔地区独立战争的杰出领导人。 ■1779年，英国工人塞缪尔·科伦普顿发明了水力纺纱机，即"骡机"，纺出的纱精细又牢固。	◀1780
●1782年，《四库全书》完成，这是我国最大的一部丛书。	■1781年10月，英国康华里将军率领的部队在约克镇附近向美军投降，标志北美战场上的战争结束。 ■1781年，美国宪法——《邦联条例》开始生效实施。 ■1783—1830年，西蒙·玻利瓦尔，西属南美地区独立战争的杰出领导者。	

年代	中国	外国
		■ 1783 年 9 月 3 日，英美两国在巴黎签订和约，英国承认美国独立。
		■ 1784 年，亨利·科特发明了搅炼法，生铁可以炼成熟铁。
		■ 1785 年，埃德蒙·卡特莱特发明了水力织布机，进一步提高了织布的速度。
1786 ▶	● 1786 年，台湾天地会首领林爽文等起事，清廷历时一年多方平定事变。	■ 1786—1787 年，美国爆发了谢斯领导的农民起义。
		■ 1787 年，美国费城制宪会议通过一部新宪法——《联邦宪法》，代替了《邦联条例》。
	● 1788 年，缅甸国王遣使来中国，献其国乐。	
	● 1789 年，青海回民在马有成等领导下起事，被镇压。	■ 1789 年 7 月 14 日，法国巴黎人民攻克作为封建统治象征的巴士底狱，是为法国大革命的开始。
		■ 1789 年，法国制宪议会通过了第一个立法文件——《八月法令》，在根本原则上废除了封建制度，是改造国家的重要一步。
		■ 1789 年，詹姆斯·瓦特发明了能用作发动机的"万能蒸汽机"，获得专利权。

中国	外国	年代
	■ 1789 年，塞缪尔·斯莱特在罗得艾兰建立美国第一家纺织厂，揭开美国工业革命的序幕。	
	■ 1789 年 8 月 26 日，法国制宪议会通过了《人权与公民权宣言》，简称《人权宣言》。	◀ 1790
● 1790 年，乾隆八十寿辰，缅甸国王、安南国王、暹罗国王遣使入贡祝寿。		
● 1791 年，清廷规定西藏事由办事大臣与达赖喇嘛会商办理。	■ 1791 年 9 月 3 日，法国制宪议会通过了法国历史上第一部宪法——《1791 年宪法》，规定法国为资产阶级君主立宪制国家。	
● 1792—1841 年，龚自珍，著名思想家，近代中国维新思想的先驱者，针对当时的"弊政"，提出了进行社会改革的主张。	■ 1792 年 8 月 10 日，法国巴黎人民起义推翻了君主制度，结束了君主立宪政体，吉伦特派开始掌握政权。	
	■ 1792 年 9 月 20 日，法国革命军队在凡尔登附近的瓦尔密打败普鲁士军队，取得瓦尔密大捷，扭转了法军在战场上的被动局面。	
	■ 1792 年 9 月 22 日，法兰西第一共和国成立。	
	■ 1792—1804 年，海地打败了法西英三个殖民强国的侵略军，取得民族解放和国家独立。	

年代	中国	外国
	● 1793 年，乾隆时正式创立"金瓶掣签"制，由中央政府确立达赖、班禅的合法继承人。 ● 1793 年，英国派马嘎尔尼率使团来华，提出开埠通商等要求，遭清政府拒绝。 ● 1794—1857 年，魏源，清末思想家，著《海国图志》，提出"师夷长技以制夷"的主张；讲求"经世致用"，对当时思想界占统治地位的宋学和汉学进行了批判，对中国思想界产生较大影响。 ● 1796 年，白莲教起义爆发，波及川、楚、陕、豫、甘五省，绵延近 10 年。 ● 1799 年，嘉庆帝褫夺了和珅官职，抄没其家产，约合白银八亿两，相当于国库 15 年的收入。	■ 1793 年 1 月 21 日，法国波旁王朝国王路易十六被送上断头台。 ■ 1793 年 4 月，法国巴黎人民起义，吉伦特派倒台，国民公会完全处在雅各宾派领导之下。 ■ 1793 年 6 月 24 日，法国国民公会通过第一部共和制宪法。 ■ 1794 年 7 月 27 日，法国国民公会通过决议逮捕罗伯斯庇尔及其支持者，结束了恐怖统治，史称"热月政变"。 ■ 1795 年 5 月 20—23 日，法国巴黎人民举行了大规模的武装起义，史称"牧月起义"。 ■ 1795—1798 年，法国热月党人统治的督政府时期。 ■ 1798—1857 年，奥古斯特·孔德，法国哲学家和社会学家，实证主义的奠基人和主要代表者，被誉为"社会学之父"。 ■ 1799 年 11 月 9 日，拿破仑·波拿巴发动"雾月政变"，夺取政权，法国大革命结束。

中国	外国	年代
	■ 1803 年，美国从法国购得路易斯安那地区。	
	■ 1804 年，《法国民法典》（后改称《拿破仑法典》）正式公布实行。	
● 1803 年，清政府强调对边外继续实行封禁政策，不准穷苦百姓携眷出关。	■ 1804 年 5 月 18 日，法国以元老院法令形式宣布法国改制为帝国，拿破仑号称"拿破仑一世"，法兰西第一帝国建立。	
● 1805 年，清政府制定稽查西洋教章程，明令禁止西洋人刻书传教。	■ 1805—1872 年，居赛普·马志尼，创立"青年意大利党"，提出建立独立的、统一的民主共和国的斗争任务，强调用革命手段推翻奥地利的统治和意大利各邦的君主专制制度。	◀ 1805
● 1806 年，陕西宁陕镇驻兵因清政府减发饷银而哗变。	■ 1806 年，法国皇帝拿破仑发布敕令，宣布封锁不列颠诸岛，是为大陆封锁政策的开始，旨在建立大陆体系以扼杀英国。	
● 1807 年，英国传教士马礼逊来到广州，他是基督教新教来华传教的第一人。	■ 1807 年，以普鲁士为首的德意志各邦逐步实行农奴制改革，废除了农民对地主的人身依附关系。	
	■ 1807—1882 年，加里波第，意大利反奥战争中人民武装的杰出组织者和领导者。	

年代	中国	外国
	● 1810—1882 年，李善兰，近代数学家，其所著《方圆阐幽》已独立达到了微积分的初步概念；翻译了《几何原本》等数学、物理学方面的书籍。	■ 1812—1814 年，美国第二次独立战争，彻底摆脱对英国的经济依赖，工业革命全面展开。
	● 1813 年，天理教起义爆发，波及直、豫、鲁等省区，一度攻入紫禁城。	■ 1813 年，莱比锡会战，史称"民族之战"，即决定欧洲各民族命运的战斗，结果反法同盟军队打败了拿破仑。
	● 1814—1835 年，中国西部、西南部毗邻的国家和地区几乎都被西方殖民者所控制。	■ 1814 年 4 月 6 日，拿破仑宣告退位，路易十八随后回到巴黎，宣布复辟。
		■ 1814—1815 年，维也纳会议，俄英普奥四个战胜国打着"正统主义"招牌，恢复了法国大革命之前的欧洲旧秩序，旧封建王朝复辟。
1815 ▶	● 1815 年，嘉庆帝谕令整饬洋行，规定各国护货兵船不许驶近内洋，货船出口亦不许逗留。	■ 1815 年，在沙皇亚历山大一世倡议下，俄普奥三国君主成立"神圣同盟"。
	● 1815 年，清政府决定查禁鸦片，规定西洋货船至澳门时，应按船查验，杜绝来源。	■ 1815 年 3—6 月，拿破仑从流放地回到巴黎重建帝国，史称"百日政权"。
		■ 1815 年 6 月 18 日，滑铁卢战

中国	外国	年代
	役，拿破仑一生中的最后一次战役，以失败告终，其政治生命也彻底结束。	
	■ 1815—1898 年，俾斯麦，普鲁士宰相，通过"自上而下"的王朝战争实现了德国统一。	
● 1816 年，因英国使节拒绝行三跪九叩之礼，嘉庆帝颁布谕令，责令其回国。	■ 1816—1825 年，阿根廷、智利、秘鲁、玻利维亚先后获得独立。	
● 1820 年，《海录》一书刻印。该书是一部使节旅行记性质的著作，由广东人谢清高口述。	■ 1820 年 3 月，美国国会南北方代表达成妥协，确定密苏里为蓄奴州，同时从马萨诸塞州分出一个新州——缅因州作为自由州；尚未建州的西部以北纬 36.5 度为自由制与奴隶制的分界线。此为《密苏里妥协案》。	◀ 1820
	■ 1821—1829 年，希腊人民掀起反对土耳其统治的民族解放战争，在英法俄等国干涉下，土耳其被迫承认希腊独立。	
● 1822 年，清政府明确申定，洋人必须遵守中国法律。	■ 1822 年，南美北部地区的委内瑞拉、哥伦比亚、厄瓜多尔全摆脱了西班牙的殖民统治，获得独立。	
● 1822 年，清政府规定《商民与蒙古贸易章程》，详细规定贸易地		

年代	中国	外国
	点和来去期限。	■ 1822 年，葡属巴西宣告独立。
		■ 1823 年，美国发表《门罗宣言》，以抵制神圣同盟对拉丁美洲的干涉，把拉丁美洲作为自己的势力范围。
1825	● 1825 年，清政府命江、浙试办海运漕粮。	■ 1825 年，英国爆发了第一次资本主义经济危机。
		■ 1825 年，俄国十二月党人起义，是俄国历史上第一次有组织、有纲领的武装起义，震撼了沙皇专制统治和农奴制。
	● 1826 年，清廷第一批海运漕粮抵达天津。自此，漕粮海运得以实施，并逐渐代替运河取得主要地位。	■ 1826 年，盘踞在南美最后一个据点卡亚俄港的西班牙殖民军残部投降，西属拉丁美洲独立战争胜利结束。
	● 1827 年，清政府出兵镇压了新疆地区的张格尔叛乱。	
1830	● 1830 年，美国公理会传教士裨治文到达广州，他是第一个到中国来的美国新教传教士。	■ 1830 年，法国爆发"七月革命"，复辟王朝被推翻，代表金融势力的"七月王朝"建立。
		■ 1830 年，比利时发生革命，宣布脱离荷兰独立。

中国	外国	年代
	■1830 年，阿尔及利亚沦为法国的殖民地，法国在阿尔及利亚实行"同化政策"。	
●1831 年，湖南永州瑶族农民在赵金龙率领下起义。	■1831 年，英国科学家法拉第成功发现电磁感应现象，提出发电机的理论基础，使电力工业得以建立。	
●1832 年，英国船只"阿美士德"号在中国沿海测量港湾航道，调查港口情况，并绘制地图。	■1832 年，英国议会改革法案通过，降低选举资格，使工业资产阶级获得了参加政权的机会。	
	■1832 年，英国议会改革后，托利党改称为保守党，辉格党改称为自由党。	
●1833 年，德籍传教士郭士立在广州创办汉文报刊《东西洋考每月统记传》，这是中国境内第一家中文杂志。	■1833—1913 年，施里芬，德国陆军元帅、总参谋长，制定了德国东西两线作战的战争计划——施里芬计划。	
●1833 年，江苏巡抚林则徐提出改革币制主张，建议朝廷建立本国的银本位货币制度。	■1833 年，美国全国性废奴组织"美国反对奴隶制协会"成立，有组织有纲领的废奴运动兴起。	
●1834 年，英国兵船强行闯入虎门，遭中国军民坚决抵抗，侵略行动以失败告终。	■1834 年 2 月，英国成立了"全国各业统一工会"，几乎包括全国各行各业工人。	

年代	中国	外国
1835 ▶	● 1835 年，清廷增订《防范洋人贸易章程》八条。	■ 1834 年，德意志大多数邦联合组成"德意志关税同盟"，实行免税贸易，采用统一货币和度量衡制度，缩小了国家分裂状态的消极影响。
	● 1836 年，道光帝谕令各沿海督抚并海口各监督，严行稽查，以防白银外流。	■ 1836 年，美国制定《专利法》，成立专利局，使发明人利益得到有效保障。
		■ 1836—1848 年，英国宪章运动，世界上第一次工人阶级的独立的全国性政治运动，目标是要通过实行普选制，以和平方式夺取国家政权，在国际工人运动史上具有重要意义。
	● 1838 年，道光帝任命林则徐为钦差大臣，节制广东水师，前往广州查禁鸦片。	■ 1838 年，中美洲的危地马拉、洪都拉斯、尼加拉瓜、萨尔瓦多、哥斯达黎加分别建立独立的主权国家。
	● 1839 年，林则徐主持在鸦片走私的重要航道虎门，将缴获鸦片当众销毁，表明中国人民反抗外国侵略、维护民族尊严的坚强决心。	■ 19 世纪 20—30 年代，英国完成了工业革命。
		■ 19 世纪 20—30 年代，美国建成伊利运河、俄亥俄—伊利运河，把密西西比河、五大湖和大西洋连成一体。

中国	外国	年代
● 1840 年 6 月，第一次鸦片战争爆发，英军进攻广东珠江口，并北进攻击中国沿海。	■ 1840 年 7 月，英国"全国宪章协会"成立，这是世界上第一个工人阶级政党的雏形。	◀ **1840**
● 1841 年 5 月，清政府签订屈辱的《广州和约》。	■ 1841 年，埃及被迫与英国签订和约，结果失去全部属地，只保留埃及和苏丹的总督世袭权。	
● 1841 年 5 月，广州北郊三元里人民抗英斗争。	■ 1841 年，俄、英、法、奥、普订立《海峡协定》，规定达达尼尔海峡与博斯普鲁斯海峡在和平时期也不允许任何国家的军舰通过。	
● 1841 年 9—10 月，英军进攻定海，总兵葛云飞、郑国鸿、王锡朋率 5000 守军浴血奋战，全部壮烈牺牲。		
● 1842 年 7 月，英军进攻镇江，副都统海龄率 4000 余名将士殊死奋战，全部牺牲。	■ 1842 年，美国"承认"夏威夷的独立地位，后于 1898 年并入美国。	
● 1842 年 8 月，清政府被迫签订近代中国历史上第一个不平等条约——《南京条约》。		
● 1844 年 7 月，清政府被迫与美国签订《望厦条约》。	■ 1844 年 6 月，德国西里西亚纺织工人起义。	
● 1844 年 10 月，清政府被迫与法国签订《黄埔条约》。		
● 1845 年，英国驻上海领事强迫	■ 1845 年，美国将德克萨斯合并	

年代	中国	外国
	清政府在上海划定一个区域作为英国人居留地,这是外国侵略者在中国设立租界的开始。	为第 28 个州。
1846 ▶	● 1846 年,法国获得在中国各通商口岸自由传教的权利。	■ 1846 年,马克思、恩格斯在布鲁塞尔建立共产主义通讯委员会,传播革命理论。
	● 1846 年,清政府正式宣布弛禁天主教,发还康熙末年以来没收的天主教堂。	■ 1846—1848 年,美国挑起侵墨战争,夺得今亚利桑那、加利福尼亚、内华达、新墨西哥 4 个州及科罗拉多和怀俄明州的一部分。
		■ 1846 年,美国以战争相威胁,从英国手中夺取了俄勒冈地区的一部分。
		■ 1847 年,英国通过了 10 小时工作日的法案。
		■ 1847 年 6 月,根据马克思和恩格斯的建议,"正义者同盟"更名为"共产主义者同盟",口号是"全世界无产者,联合起来"。
	● 1848 年,上海老凤祥银楼开张,此举开创了中国首饰业的世纪品牌,引领此后百余年的时尚。	■ 1848 年 2 月,马克思执笔的《共产党宣言》问世,第一次较完整系统地阐述了马克思主义的基本原理,是国际共产主义运动的第一个纲领性文件。
	● 1848 年,洪秀全写成《原道觉	

中国	外国	年代

世训》一书。

● 1848 年，首批满怀着淘金梦的中国移民抵达旧金山。

● 1849—1853 年，沙俄势力扩张到黑龙江下游两岸以及口外整个中国领海，并侵吞了库页岛。

● 1851 年，沙俄强迫清政府签订《伊犁塔尔巴哈台通商章程》，攫取了在中国新疆的侵略特权。

● 1851 年 1 月，洪秀全率众在广西金田宣布起义，建号太平天国，太平天国农民战争自此开始。

■ 1848 年，意大利西西里岛首府巴勒莫人民举行起义，揭开了 1848 年欧洲革命的序幕。

■ 1848 年，法国"二月革命"取得胜利，法兰西第二共和国建立。

■ 1849 年，英国吞并旁遮普，最终完成了对印度的全部占领，印度完全沦为英国的殖民地。

■ 19 世纪 30—40 年代，法国冶铁业中开始使用焦炭作燃料，出现鼓风高炉，推广了搅炼法。法国金属加工业中出现汽锤、滚轧和切削机床，初步奠定机器制造业的基础。

■ 19 世纪 40 年代，英国物理学家焦耳发现能量守恒和转化定律。

■ 1852 年，路易·拿破仑·波拿巴宣布自己为法兰西皇帝，称"拿破仑三世"，法兰西第二帝国建立。

■ 1853—1854 年，美国海军准将培里率领舰队两次强行驶入日本

年代	中国	外国
	● 1853 年 3 月，太平天国军攻陷南京，改称"天京"，正式建立与清王朝对峙的政权。 ● 1853—1855 年，太平军北伐，两年内横扫六省，转战五千里，严重打击了清朝统治。 ● 1853—1856 年，太平军西征，经过三年多军事斗争，控制了长江中下游从武昌到镇江的沿岸城镇，安徽、江西、湖北及江苏部分地区都为太平天国所掌握。 ● 1853—1855 年，上海小刀会领袖刘丽川率众起义，遭中外反动势力围攻失败。 ● 1854—1855 年，太平天国西征军在湖南、江西多次大败曾国藩领导的湘军。 ● 1854—1857 年，沙俄推行"武装航行黑龙江"计划，侵入中国黑龙江流域，屯兵、移民。 ● 1854—1921 年，严复，近代启蒙思想家和翻译家，曾留学英国，广泛接触西方近代自然科学和社会科学，积极倡导西学，翻译了	港，迫使日本放弃"锁国政策"，签订了《日美亲善条约》。 ■ 1853—1856 年，克里米亚战争，俄国被英法联军打败，双方订立《巴黎和约》，规定黑海中立，不准俄国在黑海保留舰队及在黑海沿岸设立要塞。 ■ 1854 年，美国共和党成立，该党本质上是以反对奴隶制为目标的北部工业资产阶级、农民、工人及黑人的联合组织。 ■ 1854 年，英国承认南非布尔人建立的奥兰治共和国。

中国	外国	年代
《天演论》《法意》《群学肄言》等西学名著，对近代中国变革起到重大推动作用。		
● 1855 年，各路捻军首领汇聚安徽蒙城，推张洛行为盟主，组成联合力量，成为北方反清斗争的主力。	■ 1855、1870 年，英国先后两次颁布枢密院命令，进行文官制度改革，改变过去官吏任免的"恩赐制"，实行公开竞争考试办法，择优录取，从而减少了腐败现象，提高了行政管理效率。	◄ 1855
● 1856—1860 年，英、法发动第二次鸦片战争。	■ 1856 年，英国人贝西默发明"吹气精炼"操作法，改进了冶炼技术，贝氏转炉得到推广。	
● 1856 年，"亚罗号事件"、"马神甫事件"分别成为英法两国制造战争的借口。	■ 1856—1939 年，弗洛伊德，奥地利精神病学家，创立精神分析学说。	
● 1856—1857 年，太平天国领导集团发生公开分裂，杨秀清、韦昌辉先后被杀，石达开被迫离开天京独立作战，太平军兵力大大削弱。	■ 1857—1859 年，印度民族大起义，由封建王公领导、以印籍士兵为主要力量的反对英国殖民统治的起义。	
● 1858 年 6—11 月，清政府被迫分别与俄、美、英、法四国签订《天津条约》；同英、法、美三国签订《通商章程善后条约》，中国主权进一步遭到破坏。	■ 1858 年，英国维多利亚女王发表宣言，把印度的统治权由东印度公司转移为皇家直接管辖。	
	■ 1858 年，美国强迫日本签订《日	

年代	中国	外国
		美修好通商条约》。随后，荷、俄、英法四国援例强迫日本签订类似条约。这些不平等条约因签订于安政五年而统称"安政五国条约"。
	●1859年，太平天国干王洪仁玕总理朝政，提出了具有鲜明资本主义色彩的方案——《资政新篇》，因不能反映当时农民最迫切的利益和要求而没有实行。	■1859年，英国生物学家达尔文正式出版《物种起源》，提出进化论学说。
	●1859—1863年，石达开率领孤军，转战多省作战，后被清军全部消灭。	■1859年10月，美国弗吉尼亚州约翰·布朗起义，反对奴隶制。
	●1859年6月，英、法侵略军进攻大沽口炮台，遭到守卫将士痛击，损失惨重。	■1859—1869年，埃及依靠借外债开凿了苏伊士运河，通航后大大缩短了欧亚航程。
1860▶	●1860年2月，英、法两国政府分别再度派军来华，扩大侵略战争。	■1860年春，撒丁王国初步完成了意大利的局部统一。
	●1860年10月，英、法联军大肆抢掠后纵火焚毁圆明园。	■1860年，美国共和党候选人亚伯拉罕·林肯当选总统，这成为美国内战爆发的导火索。
	●1860年10月，清政府分别与英、法两国签订《北京条约》，第二次鸦片战争结束。	
	●1861年1月，咸丰帝设立总理	■1861年2月4日，美国南方七

中国	外国	年代

各国事务衙门（简称"总理衙门"），主管外交及通商、关税等事务，后又增加筑路、开矿、制造枪炮军火等事务，总揽全部洋务事宜。

● 1861年，成立全国性的总税务司署，由洋人担任总税务司，管理全部海关税务。

● 1861年，冯桂芬写成《校邠庐抗议》，提出"采西学、制洋器"的主张，其洋务指导思想是"以中国之伦常名教为原本，辅以诸国富强之术"，也是"中学为体、西学为用"理论的滥觞。

● 1861年，曾国藩设立安庆内军械所，试造枪炮弹药，任用了一批近代早期的著名科技人才，如李善兰、徐寿、华蘅芳等人。

● 1861年，中、俄双方代表签订《勘分东界约记》，勘分了兴凯湖以南的陆界。

● 1861年8月，咸丰帝病死，其六岁儿子载淳继位，改年号为"祺祥"，怡亲王载垣等八人任"赞襄政务王大臣"，总摄朝政。

个州先后宣布脱离联邦，成立"美利坚诸州同盟"，定都弗吉尼亚的里士满，推举戴维斯为总统。

■ 1861年3月3日，沙皇签署法令废除农奴制。

■ 1861年3月17日，意大利王国成立，撒丁国王艾曼努尔二世为意大利国王。

■ 1861年4月15日，林肯政府正式宣布对南部同盟作战，美国内战爆发。

■ 1861年，英国宣布对美国内战采取中立立场。

年代	中国	外国
	● 1861 年 11 月，辛酉政变（又称"祺祥政变"或"北京政变"），慈禧太后勾结恭亲王奕䜣，阴谋铲除了载垣等八大臣，夺取了清政府实际的最高统治权，改皇帝年号为"同治"。	
	● 1862 年，京师设立同文馆——培养掌握外国语言文字、科学技术人才的学校。	■ 1862 年 5 月 24 日，林肯政府颁布《宅地法》，极大地鼓舞了联邦军队中广大士兵的战斗热情。
	● 1862 年，李鸿章仿照湘军营制，在安徽建立淮军，成为继湘军之后的又一支军阀武装。	■ 1862 年 9 月 24 日，林肯发布《解放宣言》，宣布从 1863 年 1 月 1 日起，叛乱诸州的奴隶全部获得自由。南方奴隶成批逃亡，参加联邦军队，壮大了北方力量。
	● 1862 年，李鸿章在上海设立三所洋炮局。	
	● 1862 年，清政府在天津成立第一支洋枪队，聘用外国教练。	■ 1862 年，法国强迫越南阮氏王朝签订《西贡条约》，将南圻变为殖民地。
		■ 1862 年，越南被迫向法国交出了对柬埔寨的保护权。
	● 1863—1898 年，谭嗣同，维新运动的中坚骨干，著《仁学》，系统地阐述了其哲学和社会政治思想。	■ 1863 年，美国、德国先后建立了全国性的工人联合会。
		■ 1863 年 7 月，美国北方军队取得葛底斯堡大捷，战争主动权从此完全操在北军手中。

中国	外国	年代
● 1864 年 6 月，湘军攻陷天京，太平天国农民战争失败。	■ 1864 年 9 月，国际工人大会在伦敦圣马丁教堂召开，建立了国际工人组织——国际工人协会，即"第一国际"。	
● 1864 年 10 月，中俄签订《勘分西北界约记》，具体划定了从沙宾达巴哈山口（今俄境）起至浩罕边界止的中俄西段边界。	■ 1864 年，法国人马丁和德国人西门子同时发明平炉炼钢法，可以熔化废钢炼成优质钢。	
	■ 1864—1920 年，马克斯·韦伯，德国人，近代社会学的奠基者之一，开创了社会学中的反实证主义传统。	
● 1865 年，在香港和上海两地同时开业的英国汇丰银行，逐渐发展为外国在华资本最雄厚的金融机构。	■ 1865 年 4 月 9 日，罗伯特·李将军率领的南方叛军主力向北军投降，美国内战以北方胜利而结束，美国重新恢复统一。	◀ 1865
● 1865 年，江苏巡抚李鸿章在上海创办的江南制造总局，是当时中国最大的兵工厂，也是中国真正的近代军事工业的开始。	■ 1865 年 4 月 14 日，美国总统林肯遇刺身亡，副总统约翰逊继任。	
● 1865 年，李鸿章在南京创办金陵制造局，主要生产大炮和弹药。		
● 1865—1870 年，浩罕汗国（今乌兹别克斯坦境）军官阿古柏侵入中国新疆，成立"哲德沙尔"（七		

年代	中国	外国

城汗国），占领了南疆全部和北疆部分地区。

● 1866 年，浙江巡抚左宗棠设立的福州船政局，是当时最大的船舶修造厂，用以制造和修理水师武器装备。

● 1866 年，三口通商大臣崇厚建立了天津机器局，这是清朝在北洋设立的第一个兵工厂。

● 1867 年，台湾高山族群众击退在台登陆的美国海军陆战队，美军侵台失败。

■ 1866 年 6 月，普鲁士对奥地利发动战争，在萨多瓦战役中获胜，奥地利同意解散德意志邦联，以普鲁士为首的"北德意志联邦"成立，德国统一初步完成。

■ 1866 年，德国工程师西门子制成发电机。

■ 1867 年，美国从俄国手中购得阿拉斯加。

■ 1867 年，美国国会通过《重建南方方案》，从而开始了民主重建南方的时期。

■ 1867 年，奥匈二元帝国成立。

■ 1867 年 8 月，英国第二次议会改革方案通过，选举权扩大到小资产阶级和上层工人，资产阶级在下议院的地位进一步加强。

■ 1867 年，瑞典化学家诺贝尔发明硝酸甘油炸药。

● 1868—1940 年，蔡元培，曾任

■ 1868 年 1 月 3 日，日本倒幕派

中国	外国	年代

中国

南京临时政府教育总长、北京大学校长，主张"思想自由"原则，取"兼容并包"主义，允许各种学派自由发展，支持新文化运动。

● 1869 年，福州船政局制成的第一艘轮船"万年青"号下水。

● 1869 年，上海成立的发昌机器厂，是当时上海民族机器工业企业中规模最大的一家。

● 1870 年，清政府为选派学生出国留学，制定《挑选幼童前赴泰西肄业章程》。

外国

发动政变，以天皇名义发布"王政复古"诏书，宣布废除幕府将军制，将政权归还天皇。

■ 1868 年 9 月，西班牙发生革命，推翻君主统治，建立共和国。

■ 1868 年 10 月 23 日，日本朝廷改元，年号明治，此后的一系列改革史称"明治维新"，日本由一个封建国家变成了资产阶级国家。

■ 1869 年，日本幕府残余势力被最终歼灭，政府军获得全面胜利，这场战争史称"戊辰战争"，德川幕府统治被推翻。

■ 1869 年，苏伊士运河正式通航。

■ 1869 年，俄国化学家门捷列夫发现了化学元素周期律，奠定了无机化学的基础。

■ 19 世纪 60 年代末，机器大生产成为法国工业生产的主要形式，法国工业革命基本完成。

■ 1870 年 7 月 19 日，法国向普鲁士宣战，普法战争爆发。

年代

◀ 1870

年代	中国	外国
	● 1870年，天津居民抗议法国教堂迷拐幼童等罪行，法国领事丰大业开枪杀人，群众打死丰大业及多名教士，烧毁教堂，这就是震惊中外的"天津教案"。 ● 1870年，中国官员第一次出使西方，是在法国威逼下为"天津教案"赴法"致歉"。 ● 1870年，清廷裁撤三口通商大臣，改设北洋通商大臣。	■ 1870年9月1日，色当战役，法军惨败投降，拿破仑三世和麦克马洪元帅做了普鲁士军的俘虏。 ■ 1870年9月，罗马合并于意大利。教皇被剥夺世俗权力，避居梵蒂冈。意大利统一最后完成。 ■ 1870年，比利时人格拉姆发明了电动机，电力开始成为动力的新能源。 ■ 1870年，美国已实现成年男子（包括黑人在内）的普选制和平等代表制（各选区选进国会下院及州议会的代表与人口成正比例）。 ■ 1870年，英国自由、保守两大党开始轮流执政，两党制正式形成。
	● 1871年，中日议定《修好条规》和《通商章程》。 ● 1871年，沙俄侵略者借口安定边境秩序，大举进犯伊犁，攻占伊犁九城及附近地区。	■ 1871年1月18日，普鲁士国王威廉一世在法国凡尔赛宫，正式即位为德意志帝国皇帝，德国实现最后统一。 ■ 1871年3月18日，巴黎发生无产阶级革命，取得世界历史上无产阶级革命的第一次胜利，建立了巴黎公社。

中国	外国	年代
	■ 1871 年 5 月 10 日，德、法两国签订《法兰克福和约》，法国割让阿尔萨斯和洛林，缴付 50 亿法郎赔款。 ■ 1871—1873 年，日本派遣使节团前往美国和欧洲各国，与欧、美各国谈判修改条约，并考察各国政治、经济、军事、文化教育等，作为日本建设的参考。	
● 1872 年，在上海成立的轮船招商局，是中国由官办转向官督商办的第一个企业，也是规模最大的民用企业。 ● 1872—1875 年，中国派出最早的四批幼童赴美留学，其中包括著名的铁路工程师詹天佑。 ● 1872—1876 年，中国人自己创办了近代最早的一批报刊。 ● 1874 年，日本派兵侵略中国台湾，清政府以赔款妥协。 ● 1875 年，同治帝病死，慈禧太后立醇亲王奕𫍽的儿子载湉为皇帝，改元光绪。 ● 1875 年，清政府任命左宗棠为	■ 1872 年，英国议会通过《投票法案》，把过去口头表决的选举方式改为秘密投票，从而保护了选民的投票自由。 ■ 1872—1970 年，罗素，英国哲学家，著有《西方哲学史》等。 ■ 1873 年 10 月，德、俄、奥三国君主签订《兴勃隆协定》，形成"三皇同盟"，法国在欧洲陷于孤立。 ■ 1875 年，英国冶金技师托马斯发明碱性转炉，使用含磷矿石也可炼出优质钢。 ■ 1875 年，法国实现了成年男子	◀ **1875**

年代	中国	外国

钦差大臣督办新疆军务。

● 1875 年，驻北京英使馆翻译马嘉理带领武装"勘探队"在云南擅自入境，受阻后与当地群众发生冲突，马嘉理被打死，此即所谓的"马嘉理事件"或"滇案"。

● 1875 年，清政府因"马嘉理案"任命驻英公使，前往英国办理交涉，自此开始向国外派遣常驻使臣。

● 1876—1878 年，清军分三路进疆，收复了除伊犁地区外的新疆全部领土。

● 1876 年，中国近代第一位驻外使节郭嵩焘赴英就任。

● 1876 年，左宗棠率领湘军入新疆，同年收复北疆。

的普选权。

■ 1876 年，比利时国王利奥波德二世在布鲁塞尔召开国际地理会议，成立"国际非洲协会"，宗旨是要打开非洲这块"地球上唯一文明尚未进入的地区"。

■ 1876 年，日本海陆军开赴朝鲜，以武力胁迫朝鲜签订《江华条约》，开始向朝鲜全面渗透。

■ 1876 年，德国人奥托制造出一台以煤气为燃料的四冲程内燃机，成为小型动力机。

■ 1876—1948 年，穆罕默德·阿里·真纳，印度穆斯林联盟主席，领导建立了巴基斯坦国家。

中国	外国	年代
	■ 1877 年 2 月，美国宣布将联邦军队撤出南部各州，南方重建结束。	
● 1878 年，开平矿务局在唐山正式开办，李鸿章命唐廷枢任总办。	■ 1878 年 6—7 月，欧洲各大国参加柏林会议，签署《柏林条约》。英、俄、奥三大国在土耳其重新划分势力范围，形成新的均势，近东危机暂时缓解。	
● 1878 年，轮船招商局会办朱其昂在天津设立贻来牟机器磨坊，用机器生产面粉，打破了传统手工业磨面的旧式生产方式。		
● 1879 年，琉球被日本侵占，改为冲绳县。	■ 1879 年 10 月，德、奥两国缔结《德奥同盟条约》，具有鲜明的反俄性质。	
● 1879 年，出使俄国的钦差大臣崇厚在沙俄胁迫下签订《交收伊犁条约》等条约，清政府拒绝批准。	■ 1879 年，洛克菲勒的美孚石油公司成立，它是美国出现的第一个托拉斯。	
	■ 1879—1955 年，爱因斯坦，德国物理学家，提出“相对论”，后据此理论发明了原子弹。	
	■ 19 世纪 70 年代末，美国工业革命在全国范围内宣告完成。	
	■ 19 世纪 70 年代末，德国工业革命宣告完成。	
● 1880 年，清政府在天津设立电报总局，李鸿章命盛宣怀为总办，	■ 1880 年，英国议会颁布法令，正式规定初等教育为义务教育。	◀ **1880**

年代	中国	外国
	同时在大沽口、上海、苏州等多地设立分局。	■ 1880—1938年，凯末尔，土耳其资产阶级革命的领导者，土耳其共和国的缔造者。
	● 1881年，中、俄双方签订《伊犁条约》，中国在界务和商务方面争回了一部分主权，但据此规定而签订的几个中、俄边界议定书，沙俄割占了中国7万多平方公里的土地。	■ 1881—1890年，苏丹爆发反对英国殖民侵略的马赫迪起义，使英国对苏丹的侵占被推迟20年。
1882 ▶	● 1882年，徐鸿复、徐润等在上海设立同文书局。	■ 1882年，法国学者德普勒发现了远距离送电的方法。
	● 1882年，上海《申报》记者通过天津—上海间有线电报电路拍发新闻专电。这是中国第一则新闻电讯稿。	■ 1882年，美国发明家爱迪生在纽约创建了美国第一个火力发电站，把输电线联结成网络。
		■ 1882年，法国《教育法》规定，初等教育为免费的义务教育。
		■ 1882年5月，意大利同德、奥签订针对法、俄的《三国同盟条约》。
	● 1883年，上海自来水公司成立。	■ 1883年，法国扩大侵越战争，逼迫越南签订《顺化条约》，取得了对越南的"保护权"。
	● 1883年，上海爆发金融危机，影响到整个中国。	■ 1883年，普列汉诺夫在日内瓦创建了俄国第一个马克思主义团

中国	外国	年代
	体——劳动解放社。	
	■ 1883 年，德国工程师戴姆勒制成以汽油为燃料的内燃机，可充作交通工具的发动机。	
	■ 1883 年，美国政府颁布《文官制度条例》即《彭德尔顿法》，对文官制度进行改革，实行公开竞争考试办法，提高了行政管理效率。	
	■ 1883—1907 年，埃及处于英军占领之下，事实上成为英国的殖民地，由英国驻埃及总领事巴林实行统治。	
	■ 1883—1946 年，凯恩斯，英国经济学家，开创了现代宏观经济学，主张国家干预调节经济生活。	
● 1884 年，清政府收回伊犁后，在新疆建立行省，设置州县。	■ 1884 年 6 月，法国迫使越南签订《巴德诺条约》，最后确立了在越南的殖民统治。	◀ 1884
● 1884—1885 年，中法战争爆发，清政府不战而败。	■ 1884 年，英国议会通过《人民代表法案》，把选举权扩大到农业工人，距离成年男子的普选制已经不远了。	
● 1884 年 8 月，马尾海战，法国侵略军在福建马尾军港发动进攻，福建水师仓促应战，全军覆灭。		

年代	中国	外国
1885▶	● 1885 年 3 月，镇南关大捷，老将帮办广西军务冯子材指挥清军大败法军，扭转了整个中法战局。 ● 1885 年 4 月，日本迫使清政府签订《中日天津会议专条》，规定朝鲜今后若发生重大变乱事件，两国或一国需要出兵，须事先相互知照，这样，朝鲜被置于中日两国的共同保护之下。 ● 1885 年 6 月，清政府与法国签订《中法新约》，法国势力侵入云南、广西，中国西南边疆的危机进一步加深。 ● 1885 年 10 月，清政府建台湾为行省，刘铭传为第一任巡抚，在彰化境内设省城。 ● 1885 年，清政府为了统一海军的指挥权，在北京成立海军衙门，奕譞为总理海军事务大臣，奕劻、李鸿章为会办大臣。 ● 1888 年，康有为第一次向光绪帝上书（未能传到皇帝手中），陈述变法图强的必要性和紧迫性，并开始了倡导维新变法的政治活动。	■ 1885 年，英国议会通过《重新分配席位法案》，根据人口的多寡分配选区的议席，从而接近更公平的平等代表制原则。 ■ 1885 年 12 月，印度国民大会党（简称"国大党"）在孟买举行成立大会，主要议题是要求民族主权和自治。 ■ 1885—1962 年，玻尔，丹麦物理学家，创立原子结构理论，大大加速了量子力学的建立。 ■ 1886 年，德国的戴姆勒和本茨首先制成汽油机汽车。 ■ 1888 年 5 月 13 日，巴西摄政公主签署了无条件废除奴隶制的法令，这宣告世界性奴隶贸易和奴隶制的彻底灭亡。

中国	外国	年代
● 1889—1895 年，康有为撰写了《新学伪经考》和《孔子改制考》，这两部书是维新变法的重要理论依据。	■ 1889 年，英国提出"双强标准"，即英国海军力量不能低于其他两个强国的海军力量之和。	
	■ 1889—1964 年，尼赫鲁，印度国大党主席，印度民族独立运动领导人。	
	■ 1889 年 2 月，日本明治天皇颁布"御赐"的《大日本帝国宪法》，依照"三权分立"原则确立了日本资产阶级君主立宪制。这也是近代亚洲第一部宪法。	
	■ 1889 年，恩格斯组织建立了"第二国际"，使国际工人运动进入一个新阶段。	
	■ 19 世纪 80 年代末，俄国工业革命基本完成。	
● 1890、1893 年，清政府与英国先后签订《藏印条约》和《藏印续约》，英国侵略势力进入西藏。		◀ 1890
● 1891—1893 年，湖广总督张之洞在汉阳创办湖北枪炮厂。	■ 1891—1894 年，法、俄签订了一系列针对德、奥、意的协定，形成法俄同盟。	
● 1891 年，广东水师、南洋水师和北洋水师齐聚旅顺会操，清政府海军初具规模，其中，北洋水	■ 1892 年，德国工程师狄塞尔发明了结构更简单、燃料更便宜的	

年代	中国	外国
	师是清政府的海军主力，以旅顺和威海卫为主要基地。	柴油机，适用于重型运输工具。

外国栏：

■ 1892 年，法、俄签订军事协定，结成同盟。这意味着欧洲国际关系中出现与德、奥、意对峙的法俄军事集团。

■ 1893—1914 年，圣雄甘地在南非的印度侨民中，多次运用非暴力反抗方式，进行颇有成效的反种族歧视活动，形成甘地主义理论。

中国栏：

● 1894 年 8 月，光绪帝发布对日宣战上谕，中日甲午战争爆发。

● 1894 年 9 月，平壤战役，日军进攻朝鲜平壤，清军统帅叶志超放弃职守，撤军溃逃，清军战败。

● 1894 年 9 月，黄海之战，北洋海军击退了进犯的日本舰队，五舰沉没。

外国栏：

■ 1894 年，美国工业生产跃居世界首位。

■ 1894 年，奥斯曼帝国青年土耳其党（即奥斯曼统一与进步协会）成立，其纲领是反对素丹专制制度；维护帝国领土完整。

■ 1894—1896 年，埃塞俄比亚反抗意大利侵略取得胜利，迫使意大利签订《亚的斯亚贝巴和约》，承认埃塞俄比亚是独立国家。

1895

● 1895 年 1 月，困守威海卫的北洋舰队在日本海陆两军的夹击之下，全军覆没。

● 1895 年春，孙中山在香港成立兴中会总部，提出"驱除鞑虏，恢复中华，创立合众政府"的革

中国	外国	年代

命纲领，决心推翻清政府，建立资产阶级政权。

● 1895 年 4 月，李鸿章与日本代表签订了丧权辱国的《马关条约》，进一步加深了中国半殖民地化的程度。

● 1895 年 4 月，《马关条约》签字后，俄、法、德三国驻日公使分别照会日本政府，要求其退出辽东半岛，日本被迫接受三国要求，但向中国索要 3000 万两"赎辽费"，此即"三国干涉还辽"。

● 1895 年 5 月，康有为发动 1300 多名举人联名上书清廷，提出"拒和、迁都、变法"的主张，这就是中国近代史上有名的"公车上书"，康有为从此确立了维新变法运动领袖的地位，也拉开了戊戌变法的序幕。

● 1895 年 8 月，康有为在北京创办《万国公报》，由梁启超等人撰稿，宣传西学，鼓吹变法。

■ 1895 年秋，列宁把彼得堡的 20 多个马克思主义小组统一为工人阶级解放斗争协会，领导首都工人进行罢工斗争。

● 1895—1899 年，法国先后把滇、桂、粤三省变成了自己的势力范围。

■ 1895 年，德国物理学家伦琴发

年代	中国	外国
	● 1895 年 11 月，在康有为、梁启超等倡导下，由文廷式出面组织强学会，宣讲"中国自强之学"，吸纳了一批维新派人士和帝党官僚。	现了 X 射线。
		■ 1895—1897 年，英属圭亚那与委内瑞拉发生边界纠纷，英国被迫同意接受美国人的仲裁，美国开始逐步取代英国在拉美的优势地位。
		■ 1895 年，德国连接北海与波罗的海的基尔运河建成。
		■ 1895 年，意大利人马可尼发明无线电。
		■ 1895 年，德国工程师狄塞尔发明柴油引擎。
1896 ▶	● 1896 年，法国同清政府签订合同，由法国公司修建并经营从越南到广西龙州的铁路，从此开了外国侵占中国铁路线的恶劣先例。	■ 1896 年，英、法共同承认暹罗独立。
		■ 1896 年，意大利战败求和，与埃塞俄比亚签订和约，承认埃独立。
	● 1896 年，李鸿章与俄外交大臣签订《中俄密约》，在"共同防日"的名义下，俄通过修筑中东铁路把势力伸入中国东北地区，加强了对中国的控制。	■ 1896 年，英、法签订关于湄南河流域的协定，以解决双方在印度支那半岛的争端。
	● 1896 年，张之洞亲信幕僚汪康年在上海创办《时务报》（梁启超	

中国	外国	年代
为主笔），对维新运动的开展起了很大的推动作用。		
● 1896 年，清政府派遣了第一批赴日留学生，此后，赴日留学日渐成风，造就了一批新型知识分子。		
● 1897 年，湖南巡抚陈宝箴创办时务学堂，培养维新人才。	■ 1897 年，英国物理学家汤姆生发现了电子。	◀ 1897
● 1897 年，严复在天津创办《国闻报》，并介绍了《天演论》等西方资产阶级的理论名著，影响深远。	■ 1897 年，英国在缅甸设立副总督统治，隶属印度政府。	
● 1897 年，商务印书馆创建。		
● 1897 年，德国强占中国胶州湾。		
● 1897 年，义和团运动开始在山东各地兴起，先后提出"助清灭洋"、"兴清灭洋"等口号。		
● 1898 年，德国强迫清政府订立《胶澳租借条约》，强占胶州湾，把山东省变成了它的势力范围。	■ 1898 年 4—7 月，美西战争，美国海军先后在菲律宾和古巴歼灭了西班牙舰队。	◀ 1898
● 1898 年，俄国与清政府签订《旅大租地条约》及《续订旅大租地	■ 1898—1899 年，美国又吞并夏威夷、威克岛、东萨摩亚，向远	

年代	中国	外国
	条约》，东北全境成为俄国的势力范围。	东和太平洋扩张。

● 1898 年，英国逼迫清政府签订《展拓香港界址专条》，强租深圳河以南、九龙半岛界限街以北及附近岛屿的中国领土，即所谓"新界"。

● 1898 年，福建被日本变成了该国的势力范围。

● 1898 年，俄国以租借为名攫取中国辽东半岛。

● 1898 年，谭嗣同等在长沙创立南学会，定期举行演讲会，宣传资产阶级社会政治学说以及变法维新、救亡图存的政治主张，积极参与推行新政。

● 1898 年 6 月 11 日—9 月 21 日，光绪帝颁布"明定国是"的诏书，实行变法，史称"百日维新"。

● 1898 年 9 月 28 日，谭嗣同、杨锐、林旭、刘光第、康广仁、杨深秀等 6 人被杀，史称"戊戌六君子"。

● 1899 年，美国政府向各国提出

■ 1898 年，波兰出生的物理学家居里夫人发现了钋、镭及其他一些元素的放射性。

■ 1898 年，日本与俄国缔结关于朝鲜的协定，俄国不得妨碍日本在朝鲜经营工商业。

■ 1899 年，国际和平大会在荷兰

中国	外国	年代

了一个关于中国"门户开放"政策的通牒，企图通过"机会均等"的手段，保持中国市场对美国商品的自由开放。

海牙开幕，有 26 国代表参加。

● 1900 年 6 月 10 日，英国海军中将西摩率领八国联军进犯北京，沿途遭到清军和义和团的阻击而告失败。

■ 1900 年，英国工党成立，很快取代自由党的地位，成为与保守党相抗衡的英国两大政党之一。

◀ **1900**

● 1900 年 6 月 17—21 日，八国联军攻陷大沽炮台，扩大对华侵略，清政府向各国宣战。

■ 1900 年底，列宁创办《火星报》，通过报纸的秘密发行工作，培养了党的骨干，促进了地方小组间联系，为建党做了重要准备。

● 1900 年 7—8 月，俄以保护中东铁路为名，入侵中国东北，制造了"血洗海兰泡"、"强占江东六十四屯"、"火烧瑷珲城"等惨案。

● 1900 年 8 月 14 日，八国联军攻陷北京。

● 1901 年 4 月，清政府成立督办政务处，作为规划"新政"的机构，并开始逐步推出各项"新政"。

■ 1901—1970 年，苏加诺，印度尼西亚国民党创始人之一，称自己是民族主义者、伊斯兰教徒和马克思主义者的"混合体"。

● 1901 年，清廷改革兵制，建立按西方国家的营制、采用洋操训练、使用洋枪洋炮的"常备军"，新编的"常备军"泛称"新军"。

■ 1901 年，澳大利亚联邦正式成立。

年代	中国	外国
1903	● 1901 年 7 月，清政府撤销总理各国事务衙门，改设外务部。 ● 1901 年 9 月，俄、英、美、日等 11 个帝国主义国家胁迫清政府签订丧权辱国的《辛丑条约》。 ● 1903 年，章炳麟发表《驳康有为论革命书》，全面、深刻地批驳康有为的"保皇"主张，歌颂革命为启迪民智、除旧布新的良药。 ● 1903 年，邹容发表《革命军》，歌颂革命、歌颂民主，论述中国进行民主革命的必要性和正义性，提出建立"中华共和国"的口号，反对帝国主义干涉中国的革命和独立。 ● 1903 年，陈天华写了《警世钟》《猛回头》两本小册子，阐明中国必须进行民主革命的道理，号召人民为保卫祖国的独立自主和民族的生存权利而斗争。 ● 1903 年 6 月，清政府勾结上海租界，到刊登介绍《革命军》文章的《苏报》馆逮捕了章炳麟和邹容，这就是震动一时的"苏报案"。	■ 1902 年 1 月，日、英两国缔结了针对俄国的《日英同盟条约》。 ■ 1903 年，美国莱特兄弟驾驶使用活塞汽油发动机的飞机试飞成功，开创了现代航空事业的新纪元。 ■ 1903 年，俄国社会民主工党第二次代表大会宣告了布尔什维克党的建立，这是一个新型的、与西欧的社会民主党根本不同的马克思主义政党，标志列宁主义的诞生。 ■ 1903 年 1 月，美国迫使哥伦比亚政府签订《巴拿马运河条约》，在哥伦比亚议会拒绝批准后，策划了隶属哥伦比亚的巴拿马发动"革命"，宣布独立，随即与巴拿马签订条约，控制了巴拿马运河区。

中国	外国	年代
● 1904 年 2 月，黄兴在长沙组建革命团体华兴会。	■ 1904 年 2 月，日本对旅顺口的俄国舰队发动突袭，日俄战争爆发，这是为争夺中国领土并在中国领土上进行的帝国主义战争。	
● 1904 年 10 月，陶成章、龚宝铨在上海组织革命团体光复会，推举蔡元培为会长。	■ 1904—1907 年，日本先后三次强迫韩国签订《日韩协约》，韩国彻底沦为日本保护国。	
● 1904 年，湖北武汉第一个革命团体科学补习所成立，以新军为革命活动的主要对象。	■ 1904—1967 年，奥本海默，加利福尼亚大学理论物理学教授，美国"原子弹之父"。	
● 1904—1909 年，詹天佑主持完成北京至张家口一线的铁路修筑工程。		
● 1905 年，清廷下令自次年起，停止一切科举考试，延续 1000 多年的科举制度被废除。	■ 1905—1907 年，俄国 1905 年革命，也是帝国主义时代第一次人民革命，沉重打击了沙皇专制制度，为十月革命的胜利做了良好准备。	◀ **1905**
	■ 1905—1911 年，伊朗革命，为反帝反封建的资产阶级民族民主革命，成为亚洲觉醒时期东方民族民主革命潮流的先声。	
● 1905 年 8 月，中国同盟会在东京正式成立，以孙中山提出的"驱除鞑虏、恢复中华、创立民国、	■ 1905 年 5 月，对马海战，俄国波罗的海舰队与日本海军在对马海峡展开决战，俄舰队全军覆灭。	

年代	中国	外国
1906	平均地权"为纲领。 ● 1905 年 10 月，清廷派载泽等五大臣"出洋考察政治"，随后命政务处设立"考察政治馆"。 ● 1905 年 11 月，同盟会创办机关刊物《民报》，在发刊词中，孙中山把同盟会的十六字纲领归结为民族、民权、民生三大主义，即所谓"三民主义"。 ● 1905—1907 年，革命派与改良派分别以《民报》和《新民丛报》为主要阵地，在政治思想领域展开激烈论战。 ● 1906 年春，刘敬安在湖北组织秘密革命团体日知会。 ● 1906 年秋冬，孙中山等拟定的《军政府宣言》，第一次言简意赅地阐述了革命宗旨即"四纲"（驱除鞑虏、恢复中华、建立民国、平均地权）和实施程序即"三序"（军法之治、约法之治、宪法之治），成为各地革命党人共同遵从的经典性文献。 ● 1906 年 9 月，清政府正式宣布	■ 1905 年 9 月，日、俄签订《朴茨茅斯条约》，俄国承认日本在朝鲜的独占利益；将在中国东北的有关权益全部"转让"给日本；库页岛南部及附近岛屿让给日本，日俄战争结束。 ■ 1906 年 1 月，美国派代表参加在西班牙召开的关于摩洛哥问题的国际会议，调解德国和法英之间的矛盾，第一次违背了不介入欧洲事务的美国传统外交政策。 ■ 1906 年 12 月，印度民族主义政党穆斯林联盟成立，穆罕默德·阿里·真纳任主席。 ■ 1906 年，美国的德福雷斯特发明了三极电子管，使无线电通信可以达到更远的距离。

中国	外国	年代
"预备仿行宪政"。 ● 1906 年 12 月，湖南、江西交界的浏阳、醴陵、萍乡地区爆发了号称"革命军"的大规模会党起义，称"萍浏醴起义"。 ● 1907 年 5 月—1908 年 4 月，孙中山直接领导下，同盟会在华南沿海和沿边地区连续发动了六次武装起义，都遭到失败。 ● 1907 年 7 月，光复会领导人徐锡麟刺杀安徽巡抚恩铭，失败被捕，慷慨就义；秋瑾受到牵连，在绍兴就义。 ● 1907 年 10 月，梁启超等在东京组织了具有资产阶级政党规模的政闻社，出版机关刊物《政论》，为立宪大造舆论。 ● 1908 年 8 月，各省立宪派代表齐集北京，向都察院呈递国会请愿书，要求代奏，掀起国会请愿运动。 ● 1908 年 11 月，光绪帝和慈禧太	■ 1906—1907 年，印度国大党激进派领袖提拉克提出"自主、自产、抵制英货和民族教育"四大纲领，成为民族斗争的旗帜，掀起了全国性的自主自产运动高潮。 ■ 1907 年，英国政府赋予新西兰以自治领地位。 ■ 1907 年 8 月，英、俄订立协约，协调了双方在波斯、阿富汗和中国西藏的利益。加之此前的法俄同盟、英法协约，英、法、俄三国协约构成。 ■ 1908 年 10 月，奥匈政府单方面宣布正式吞并波斯尼亚和黑塞哥维纳，由此引发波斯尼亚危机。 ■ 1908 年，美国成立联邦调查局，成为监视国内革命人民和进行国外间谍活动的主要工具。	◀ 1907

年代	中国	外国
1909 ▶	后先后死去，溥仪继承皇位，改元宣统，醇亲王载沣摄政。	■ 1909年，美国总统西奥多·罗斯福对门罗主义做了新的解释，即"罗斯福推论"，进一步把不准干涉美洲延伸为美国管理美洲。
		■ 1909年，美国总统塔夫脱提出了主要应用于拉丁美洲的金元外交，目的在于利用经济手段对拉美国家进行控制。
	● 1910年2月，在同盟会组织下，倪映典率新军千余人在广州城郊起义失败。	■ 1910年，葡萄牙宣布为共和国。
	● 1910年2月，章炳麟、陶成章等重建光复会，公开与同盟会分庭抗礼。	■ 1910年，第二国际第八次代表大会在哥本哈根召开。决议各国社会党人应在本国国会中投票反对军事预算，以制止帝国主义战争。
	● 1910年10月，作为"立议院基础"的资政院在北京召开第一次常年会，资政院是中国历史上第一个代表民意的法定机构。	■ 1910年8月，日、韩签署《日韩合并条约》，日本吞并韩国。
	● 1911年，英、法、德、美四国银行团与清政府订立《湖广铁路借款合同》，企图控制中国的财政、金融并垄断对清政府的贷款。	■ 1911年，美国工程师泰罗出版《科学管理原理》一书，奠定了科学管理的理论基础，他提倡"劳动科学组织"，发明"泰罗制"的科学化管理方法，使劳动生产率有很大提高。
	● 1911年4月，黄兴领导广州黄花岗起义失败，同盟会丧失了许	■ 1911年，意大利向土耳其宣战，占领的黎波里。

中国	外国	年代
多优秀干部，领导力量大为削弱。 ● 1911 年 6 月，川汉铁路股东在成都组织保路同志会，四川掀起保路风潮。 ● 1911 年 8 月，上海闸北四家丝厂女工 2000 余人举行罢工。 ● 1911 年 10 月 10 日，革命党人发动武昌起义，建立军政府，推举清朝高级军官黎元洪为都督。这一天后被定为中华民国国庆日。 ● 1911 年 12 月 1 日，沙俄操纵外蒙发表《独立宣言》，宣布成立"大蒙古国"，以活佛哲布尊丹巴为皇帝，建立傀儡政权。 ● 1911 年 12 月，中、俄在齐齐哈尔签订《满洲里界约》，沙俄又侵占中国 1400 平方公里的领土。 ● 1912 年 1 月 1 日，孙中山在南京宣誓就职临时大总统，宣告中华民国临时政府成立。 ● 1912 年 2 月 12 日，清帝宣布正	■1912 年，美国政府支持其银行向利比里亚提供贷款，由此控制了利比里亚海关并进而干涉利比里亚内政。 ■1912 年，意大利取消了选举权限制，实现了成年男子普选权。	◄ 1912

年代	中国	外国
	式退位。	■ 1912 年，俄国《真理报》创刊发行。

● 1912 年 2 月 15 日，临时参议院选举袁世凯为临时大总统。

● 1912 年 3 月 11 日，孙中山在南京颁布《中华民国临时约法》，用法律形式把资产阶级民主共和制肯定下来。

● 1912 年 4 月 1 日，孙中山正式解除临时大总统的职务，次日，临时政府迁往北京。

● 1912 年 8 月，宋教仁以同盟会为基础组建国民党（以孙中山为理事长而由自己代理），在临时参议院中成为第一大党。

● 1912 年 11 月，沙俄与外蒙当局非法签订《俄蒙协约》及《商务章程》，沙俄在外蒙取得广泛特权。

● 1912 年 12 月，袁世凯当政时期，工商部颁布了《暂行工艺品奖励章程》，规定工艺品的发明者有权申请专利。

● 1912 年 12 月—1913 年 2 月，第一届国会选举，宋教仁领导

■ 1912 年，土耳其被迫与意大利签订《洛桑条约》，放弃的黎波里。

■ 1912 年，美国民主党人威尔逊当选总统。

■ 1912 年，阿尔巴尼亚宣布独立。

■ 1912 年 10 月 —1913 年 5 月，第一次巴尔干战争，巴尔干同盟四国发动的反土耳其战争，土耳其战败，巴尔干半岛各民族摆脱了土耳其的统治。

中国	外国	年代
国民党在参众两院获得压到多数席位。但在 1913 年 3 月，宋教仁在上海车站遇刺身亡。 ● 1913 年 7—9 月，袁世凯派兵南下发动内战，南方各省国民党人被迫应战，先后宣布讨袁，这就是孙中山所说的"二次革命"，以失败告终，辛亥革命结束。 ● 1913 年 10 月，袁世凯当选正式大总统，在太和殿举行就职仪式。 ● 1913—1914 年，英国操纵所谓"中英藏会议"在印度北部西姆拉召开。英国勾结西藏地方"代表"非法签订的《西姆拉条约》、在会外秘密换文中提到的划定中印东段边界的"麦克马洪线"，均未被当时的中国政府所承认，以后的历届中国政府也从未承认。 ● 1913 年 11 月，袁世凯先后解散国民党、解散国会，设立政治会议作为其御用工具。 ● 1913 年 11 月，袁世凯政府与沙俄签订《中俄声明》，追认了《俄蒙协约》及其附件，实际承认了沙俄对外蒙古的控制。	■ 1913 年 6 月，第二次巴尔干战争，巴尔干各国之间因争夺领土而爆发的战争，结果巴尔干诸国分裂成两个集团，分别得到俄国和奥匈帝国的支持。 ■ 1913 年，英国《爱尔兰自治法案》两次为议会上院否决。 ■ 1913 年，德国政府提出的扩军案和国防税案在议会通过。	◀ 1913

年代	中国	外国
1914 ▶	● 1914 年 5 月，袁世凯正式公布《中华民国约法》，同时废除《临时约法》，专制独裁统治被用法律的形式肯定下来。 ● 1914 年 7 月，孙中山筹组的中华革命党在东京举行成立大会，以实行民权、民生两主义为宗旨，以扫除专制政治、建设完全民国为目的。 ● 1914 年 8 月，日本借一战爆发之机对德宣战，派军在中国山东半岛登陆，武装占领了青岛及胶济铁路全线，夺取了德国在山东的权益。 ● 1914 年 8 月，北京政府就欧战爆发发表中立宣言。	■ 1914 年 6 月 28 日，萨拉热窝事件，奥地利皇储斐迪南大公在波斯尼亚首府萨拉热窝遇刺，这成为第一次世界大战的导火线。 ■ 1914 年 7 月 26 日，奥匈帝国向塞尔维亚宣战，第一次世界大战爆发。 ■ 1914 年 8 月 1—3 日，德国先后向俄法两国宣战。 ■ 1914 年 8 月 4 日，英国对德国宣战，不列颠帝国所属各自治领（南非联邦、澳大利亚、新西兰等）也都随之加入了战争。 ■ 1914 年 8 月 23 日，日本借口"英日同盟"对德宣战，趁机在东亚扩张势力。 ■ 1914 年 8 月，巴拿马运河竣工，加勒比海变成了"美国湖"，巴拿马运河的修建意味着美国在加勒比海霸权的崛起。 ■ 1914 年 9 月，马恩河战役，一战中第一次大规模战略决战，也

中国	外国	年代

● 1914 年 10 月，上海招商局、太古、怡和三家轮船公司的中国海员举行总同盟罢工。

● 1914—1915 年，袁世凯当政时期，工商部陆续公布了《公司条例》《公司保息条例》和《农商部奖章规则》，解除了清政府对开办企业的若干限制，废除了一些封建性的专利垄断。

● 1915 年 5 月 9 日，日本迫使袁世凯签订了灭亡中国的"二十一条"。

● 1915 年 6 月，中俄蒙恰克图会议签订了《中俄蒙协约》，沙俄承认中国对外蒙的"宗主权"；哲布尊丹巴取消"大皇帝"称号，由中华民国大总统册封；北京政府

是一战的第一个转折点，英、法联军获胜，德军 6 周内打败法国计划宣告破产。

■ 1914 年 11 月 2—5 日，俄国和英、法先后向土耳其宣战。

■ 1914 年 11 月，西线机动战结束，开始转入阵地战。

■ 1914 年 12 月，英国政府以土耳其加入同盟国一方参战为借口，宣布取消奥斯曼帝国对埃及的宗主权，使埃及成为英国殖民地。

■ 1915 年 3 月，英、法、俄签订了瓜分土耳其领土的第一个秘密协定，君士坦丁堡、"两海峡"和马尔马拉海诸岛归俄国，但君士坦丁堡为自由港，商船在海峡通行自由。

■ 1915 年 4 月，《伦敦密约》，协约国集团以牺牲奥地利和土耳其的领土，换取意大利参战。

◀ 1915

年代	中国	外国
	承认外蒙的"自治"和沙俄在外蒙的各种特权。	
	● 1915 年 8 月，袁世凯授意组织"筹安会"，杨度、孙毓筠、严复、刘师培、李燮和、胡瑛被称为筹安会"六君子"。	■ 1915 年 8 月，德军在东线攻陷华沙，俄军东撤。
	● 1915 年 9 月 15 日，陈独秀创办《青年杂志》，"新文化运动"兴起。	■ 1915 年 11 月，德军与保加利亚军占领塞尔维亚。
	● 1915 年 12 月 12 日，袁世凯发布命令，恢复帝制。	
	● 1915 年 12 月 25 日，蔡锷宣布云南独立，组成讨袁的"护国军"，护国运动爆发。	
1916 ▶	● 1916 年，《青年杂志》第 2 卷第 1 号改名为《新青年》。	■ 1916 年 2—12 月，凡尔登战役，这是一战中时间最长的一次战役，德军和英、法联军伤亡共 70 多万人，凡尔登战场因而被称为"绞肉机"。自此，战略主动权开始转移到协约国一方。
	● 1916 年 3 月 22 日，袁世凯在众叛亲离中被迫取消帝制。	
	● 1916 年 6 月，副总统黎元洪继任大总统，恢复《临时约法》。	■ 1916 年 5—6 月，日德兰海战，英、德海军在北海日德兰海域的决战，英国继续掌握制海权。
	● 1916 年 10 月，法国强占天津老西开，天津人民罢工、罢课、罢市展开斗争。	■ 1916 年 6—11 月，索姆河战役，英、法联军在索姆河一线发动的对德进攻，是一战中规模最大的一次战役，也是最大的一次消耗

中国	外国	年代

战，牵制了德军在凡尔登的攻势。

◀ **1917**

● 1917 年 1 月，胡适在《新青年》上发表《文学改良刍议》，主张以白话文为中国文学之正宗，提出"文学改良"的口号。

■ 1917 年 2 月，德国开始实行无限制潜艇战。

● 1917 年 2 月，陈独秀在《新青年》发表《文学革命论》一文，撑起文学革命大旗声援胡适。

■ 1917 年 2 月，英、日签订密约，赤道以南的德属太平洋岛屿战后归属英国；赤道以北的德属岛屿归属日本，且日本有权继承德国战前在中国山东的特权。

● 1917 年 3 月，北京政府宣告对德断绝外交关系，收回天津、汉口德租界，停付赔款与欠款。

■ 1917 年 3 月 8 日，俄国爆发二月革命。

■ 1917 年 3 月 15 日，沙皇尼古拉二世被迫宣布退位，罗曼诺夫王朝覆灭，资产阶级临时政府成立。

■ 1917 年 4 月 6 日，美国正式对德宣战。

■ 1917 年 4 月 20 日，列宁发表《论无产阶级在这次革命中的任务》（即"四月提纲"）。

● 1917 年 7 月 1—12 日，前清江苏巡抚兼署两江总督张勋进京，伙同康有为等拥立十二岁的溥仪复辟，史称"丁巳复辟"。

■ 1917 年 7 月，俄国布尔什维克党引导群众进行和平示威，要求"全部政权归苏维埃"，政府向示威群众开枪，强行解散工人武装，

年代	中国	外国
	● 1917 年 8 月，段祺瑞把持的北京政府发布《大总统布告》，正式对德宣战。	通缉和逮捕革命领导人，政权完全落入资产阶级政府手中，这就是"七月事件"。
	● 1917 年 11 月，美国国务卿蓝辛与日本外相石井签订《蓝辛石井协定》，美国承认日本在中国有"特殊利益"，日本再次承认美国的"门户开放"政策，这给了日本独占中国的有利条件。	■ 1917 年 11—12 月，康布雷战役，英军在进攻中大规模使用坦克，取得重大战术效果，这在军事技术史上具有重要意义。 ■ 1917 年 11 月 7 日，俄国彼得格勒武装起义取得胜利，临时政府被推翻。 ■ 1917 年 11 月 8 日，俄国向所有交战国提出休战建议，并宣布俄国退出战争。 ■ 1917 年，英国发表《贝尔福宣言》，支持犹太复国主义。
1918 ▶	● 1918 年，段祺瑞政府承认日本继承德国在山东的侵略权益，使日本后来据为口实，不肯把山东交还中国。	■ 1918 年 1 月，全俄苏维埃代表大会通过了苏俄第一个宪法性文献——《被剥削劳动人民权利宣言》，巩固了十月革命成果。

中国	外国	年代

● 1918 年 2 月，冯国璋以代理大总统名义公布《国会组织法》《参议员选举法》和《众议员选举法》。

● 1918 年 4 月，毛泽东、蔡和森、何叔衡等在长沙发起成立了"新民学会"，是"五四"前后影响较大的社团之一。

● 1918 年 5 月，段祺瑞政府与日本签订了中日陆海军《共同防敌军事协定》，日本从而取得了在中国驻兵和军队自由出入中国东北与蒙古的特权。

● 1918 年 11 月,北大学生傅斯年、罗家伦等发起成立了新潮社，次年创办的《新潮》杂志，提倡白话文，反对旧礼教，对新文化运动发展起了推动作用。

● 1918 年 11 月，大总统徐世昌在庆祝第一次世界大战胜利大会上致辞，宣称"公理战胜强权"。

■ 1918 年 1 月 8 日，美国总统威尔逊在国会讲演中针对苏俄的各项和平建议，提出了被称为"世界和平的纲领"的"十四点原则"，体现了美国对战后国际秩序的设想。

■ 1918 年 3 月，苏俄被迫同德奥集团签订了屈辱的《布列斯特和约》，赢得了巩固政权的时间，德国战败后宣布废除。

■ 1918 年 3 月，英军在俄北方港口摩尔曼斯克登陆，揭开了帝国主义武装干涉苏俄的序幕。

■ 1918 年 7—9 月，协约国军队向德军发起连续进攻，直至突破德军最牢固的防线。

■ 1918 年 9—11 月，保加利亚、土耳其、奥匈帝国等先后向协约国投降，退出战争。

■ 1918 年 11 月 3 日，德国十一月革命爆发，这是一次以无产阶级为主体的群众革命运动。

■ 1918 年 11 月 9 日，德皇威廉二世宣布退位，逃亡荷兰，霍亨索

年代	中国	外国
		伦王朝统治垮台。
		■ 1918 年 11 月 11 日，德国接受协约国停战条件，西线停火生效，一战结束。
		■ 1918 年 11 月 12 日，奥地利共和国成立。
		■ 1918 年 11 月 14 日，捷克斯洛伐克共和国成立，马萨里克当选为总统。
	● 1918 年 12 月，陈独秀、李大钊、胡适创办《每周评论》杂志，专门介绍马克思主义。	■ 1918 年 11 月 16 日，匈牙利正式宣布为共和国，卡罗利当选为总统。
	● 1918 年底，李大钊发表《庶民的胜利》和《布尔什维主义的胜利》，这是中国最早的马克思列宁主义文献。	
1919 ▶	● 1918 年，北洋政府派军队开进库伦，恢复了对外蒙古的主权。	■ 1919 年 1 月 18 日，巴黎和会开幕，32 个国家出席。
	● 1919 年 4 月 30 日，美、英、法三国会议决定，将德国在山东的权益全部转交给日本，并在对德和约即《凡尔赛和约》中做了明文规定。	■ 1919 年 3 月，共产国际成立，开辟了国际共产主义运动的新阶段。

中国	外国	年代
● 1919 年 5 月 4 日，北京大学等 13 所学校的 3000 多学生在天安门前集会、游行示威，要求惩办卖国贼，拒绝"和约"，五四运动爆发。		
● 1919 年 6 月 3 日，"六三"大逮捕，北京军阀政府逮捕了大批上街讲演的学生，运动开始突破知识分子范围，发展成广泛的群众爱国运动。	■ 1919 年 6 月 28 日，《凡尔赛和约》（即《协约国和参战各国对德和约》）签订。	
● 1919 年 6 月 28 日，中国代表没有出席签字会议，拒绝了《凡尔赛和约》。	■ 1919 年 7 月 31 日，德国国民会议通过新宪法——《魏玛宪法》，建立共和国，史称"魏玛共和国"。	
	■ 1919—1922 年，土耳其发生革命，史称"凯末尔革命"。	
● 1919 年 10 月，孙中山将中华革命党改组为中国国民党，以"巩固共和，实行三民主义"为政纲。	■ 1920 年，美国在匹兹堡建立了世界上第一个广播电台。	◀ 1920
	■ 1920 年 1 月 20 日，《凡尔赛条约》生效，国际联盟正式成立，战败国和苏俄暂被排除，美国始终未加入。	
● 1920 年 7 月，直皖战争，北洋		

年代	中国	外国
	军阀直系和奉系联合对皖系的战争，以皖系失败告终，段祺瑞辞职，日本在华势力有所削弱。 ● 1920年8月，陈独秀首先在上海成立了中国共产党上海发起组，把《新青年》改组为机关刊物。 ● 1920年10月，李大钊发起成立了北京共产党小组，后命名为中国共产党北京支部。 ● 1920年秋，董必武、陈潭秋等成立了武汉共产党支部。 ● 1920年秋冬之交，毛泽东、何叔衡在长沙发起成立了共产党组织。	■ 1920年8月，战胜国与土耳其素丹签订了灭亡土耳其国家的奴役性条约——《色佛尔条约》，圣雄甘地为此第一次发动了非暴力不合作运动进行抗议。 ■ 1920—1924年，法国先后与比利时、波兰、捷克斯洛伐克等国缔结了同盟条约，从而在欧洲大陆建立了一个主要针对德国的同盟体系。
1921 ▶	● 1920年11月，孙中山抵广州，重组军政府，发起第二次护法运动。 ● 1921年春，张申府、赵世炎等在法国组成了旅欧共产党巴黎小组。 ● 1921年4月，国会非常会议和参众两院联合通过《中华民国政府组织大纲》，选举孙中山为中华民国非常大总统。	■ 1921年3月，苏俄开始从战时共产主义政策向新经济政策过渡。

中国	外国	年代

● 1921 年 7 月 23 日，中国共产党第一次全国代表大会在上海召开，中国共产党宣告成立。

● 1921 年 8 月，中国劳动组合书记部成立，这是中共公开领导工人运动的机关。

■ 1921 年 11 月 —1922 年 2 月，华盛顿会议，正式议程一是限制海军军备问题，二是太平洋及远东问题。

■ 1921 年 12 月 13 日，美、英、法、日四国签订《关于太平洋区域岛屿属地和领地的条约》，简称《四国条约》，美国借此埋葬英日同盟，消除了在远东争霸的一个障碍。

● 1922 年 1—3 月，香港海员大罢工，迫使香港当局接受了海员们提出的要求，取得胜利，推动了全国第一次工人运动高潮的到来。

■ 1922 年 2 月 6 日，美、英、法、意、日五国签订《关于限制海军军备条约》即《五国海军条约》，承认美英海军力量对等原则，英国海上优势从此终结。

◀ 1922

● 1922 年 2 月 4 日，在美英压力下，日本被迫与中国签订《解决山东悬案条约》，胶州由日本独占改为面向各国开放的商埠，原胶济铁路仍为日本控制。

■ 1922 年 3 月 16 日，英国宣布埃及为独立的君主立宪国家，使其成为非洲现代史上第一个民族独立国家。

● 1922 年 2 月 6 日，中国参加华盛顿会议。与会九国签订《关于

年代	中国	外国

中国事件应适用各原则及政策之条约》即《九国公约》，列强确认并同意把"门户开放""机会均等"作为共同侵略中国的基本原则。

● 1922年4—6月，直奉战争，奉系败退关外，直系军阀单独控制了北京政府。

● 1922年5月，第一次全国劳动大会和中国社会主义青年团第一次全国代表大会在广州召开，讨论了当前中国革命的问题。

● 1922年6月15日，中国共产党发表《对于时局的主张》，提出了以反帝反封建为主要内容的斗争目标。

● 1922年6月，陈炯明在广州发动武装叛乱，派兵围攻总统府，第二次护法运动失败。

● 1922年7月，中国共产党第二次全国代表大会在上海召开，通过了中共历史上第一部正式的《中国共产党章程》。通过的《大会宣言》，提出了中国共产党的最高纲领和最低纲领。

■ 1922年10月，意大利国王授权国家法西斯党党魁墨索里尼担任总理组阁，法西斯党上台执政。

中国	外国	年代
● 1922 年 8 月，中共中央在杭州西湖召开特别会议，做出中共党员以个人身份加入国民党以实行党内合作的决定，孙中山接受中共建议，联共政策形成。		
● 1922 年 9 月，安源路矿工人大罢工，路矿当局接受工人提出的条件，罢工取得胜利。	■ 1922 年 12 月 30 日，在莫斯科召开苏维埃社会主义共和国联盟第一次苏维埃代表大会，通过了苏联成立宣言和联盟条约。	
● 1923 年 1 月，孙中山发表《中国国民党宣言》，并公布了党纲和党章。	■ 1923 年 1 月，法、比军队以德国未如期偿付赔款为由，出兵占领鲁尔，引发鲁尔危机，最终法国丧失了处理德国问题的主动权。	◀ 1923
● 1923 年 1 月 26 日，苏俄代表越飞与孙中山会见，发表《孙文越飞宣言》，表明苏俄对中国革命的支持，孙中山联俄政策形成。		
● 1923 年 2 月，京汉铁路工人大罢工，遭到当局血腥镇压，造成"二七"惨案，全国工人运动暂时转入低潮。		
● 1923 年 6 月，中共在广州召开第三次全国代表大会，制定了建立革命统一战线实行国共合作的	■ 1923 年 7 月，土耳其凯末尔政府与协约国签订《洛桑条约》，使	

年代	中国	外国
	方针政策。	土耳其获得民族独立，成为战后近东最稳定的国家。

■ 1923 年 10 月 29 日，土耳其建立共和国，凯末尔当选总统，资产阶级革命取得胜利。

■ 1923 年 11 月 8 日，纳粹党党魁希特勒趁巴伐利亚邦长官在慕尼黑一家啤酒馆集会时，率冲锋队员闯进会场，企图推翻政府未遂，这就是"啤酒馆暴动"。

1924

● 1924 年 1 月 20 日，中国国民党第一次全国代表大会在广州召开，通过《大会宣言》，重新解释了三民主义，确立了联俄、联共、扶助农工的政策，标志国民党改组的完成和国共合作的正式建立。

■ 1924 年 1 月，英国工党领袖麦克唐纳组成英国历史上第一届工党政府，工党走上执政党的地位。

■ 1924 年 1 月，苏联第二次苏维埃代表大会批准了苏联宪法，从法律上把苏维埃共和国联盟的形式固定下来。

■ 1924 年 4 月，美国银行家道威斯领导的委员会，提出关于解决德国赔款问题的报告，即"道威斯计划"，德国赔款问题暂获解决。

● 1924 年 5 月 31 日，中、苏两国签订《中俄解决悬案大纲协定》和《中俄暂行管理中东铁路协定》，确认了废除帝俄时代与中国签订的一切不平等条约的原则。

中国	外国	年代
● 1924 年 6 月 16 日，"中国国民党陆军军官学校"师生举行开学典礼，孙中山亲临发表演讲，宣告学校正式成立，因校址在广州郊外的黄埔，史称"黄埔军校"，蒋介石为校长。		
● 1924 年 7 月，国共两党在广州合作创办了农民运动讲习所，这是专门培养农民运动干部的学校。		
● 1924 年 9—11 月，第二次直奉战争，直系将领冯玉祥从前线倒戈回师，发动北京政变，直系被奉军打败，直系统治被推翻。	■ 1924 年 9 月，第五届国联大会开幕，英国首相麦克唐纳提出建立仲裁制度。	
● 1924 年 10 月，孙中山公布《工会条例》，这是中国历史上第一个比较完善的有关工人权利的民主法令。	■ 1924 年 10 月，法国政府致电莫斯科，表示承认苏联政府，法、苏两国正式建立外交关系。	
● 1924 年 11 月 24 日，段祺瑞就任中华民国临时执政，建立新的军阀官僚政权。		
● 1925 年 1 月，中共"四大"在上海召开，初步提出了工农联盟的思想。	■ 1925 年 1 月，日、苏签订《关于规定两国关系基本原则的条约》，建立外交关系，日本从北库页岛撤兵。	◀ 1925
● 1925 年 2 月，广东革命政府第		

年代	中国	外国

一次东征，打垮了陈炯明主力，取得胜利。

● 1925 年 3 月 12 日，孙中山在北京逝世。

■ 1925 年 4 月，德国老牌军国主义分子兴登堡当选总统，表明德国军国主义和帝国主义的复活。

■ 1925 年 4 月，联共（布）第十四次全国代表会议，斯大林提出苏联一国可以建成社会主义的理论。

● 1925 年 5 月，第二次全国劳动大会成立了中华全国总工会，作为领导工人斗争的全国统一的领导机关，中国劳动组合书记部撤销。

● 1925 年 5 月 30 日，上海英租界当局命令巡捕开枪射击示威群众，制造了震惊中外的"五卅惨案"。

● 1925 年 7 月 1 日，中华民国国民政府正式成立。

● 1925 年 8 月，国民党左派重要代表人物廖仲恺被右派刺杀。

● 1925 年 10—11 月，国民政府第二次东征，彻底肃清了广东境内的军阀势力，取得胜利。

■ 1925 年 10 月，德、比、法、英、意、波、捷七国在瑞士小城洛迦诺举行国际会议，签署《洛迦诺公约》，改善了协约国尤其是法德的关系，欧洲国际关系进入相对稳定时期。

● 1925 年 11 月，国民党一些右派

中国	外国	年代
分子在北京西山碧云寺非法召开所谓国民党"一届四中全会"，公开分裂国民党，这次会议被称为"西山会议"，参会者被称为"西山会议派"。	■ 1925年12月，联共（布）第十四次代表大会，斯大林提出要把俄国"从农业国变成能自力生产必需的装备的工业国"。	
● 1926年2月，国民政府进行南征，歼灭了粤南军阀，统一了广东革命根据地。	■ 1926年1月，美国参议院批准美国加入海牙国际常设法庭。	◀ 1926
● 1926年3月20日，发生"中山舰事件"，蒋介石借机排挤共产党，完全控制了第一军。	■ 1926年3月，美国人戈达德成功地发射了世界上第一枚液体火箭。	
● 1926年5月，国民党二届二中全会，蒋介石提出所谓"整理党务案"，对共产党员在国民党内的任职和活动做出了限制，原任国民党中央部长职务的共产党员全部离职。	■ 1926年6月，万国博览会在美国费城开幕。	
● 1926年7月9日，为结束北洋军阀的黑暗统治，国民政府任命蒋介石为国民革命军总司令，出师北伐。	■ 1926年9月，德国正式加入国联，并成为行政院常任理事国，重新跻身于西方大国行列。	
● 1926年10月—1927年3月，上海工人先后三次举行武装起义，最终取得胜利，解放了上海。	■ 1926年10月，英国召开帝国会议，承认自治领在内政和外交方面拥有独立地位，在法律上与英国平等。	

年代	中国	外国
1927 ▶	● 1927 年 1 月 1 日，国民政府迁都武汉。 ● 1927 年 2 月，国民政府收回汉口、九江英租界，这是中国人民反帝斗争史上的一次巨大胜利。 ● 1927 年 3 月，毛泽东发表《湖南农民运动考察报告》，为农民运动的开展提供了理论指导。 ● 1927 年 3 月，北伐军先后消灭了吴佩孚、孙传芳两大军阀主力部队，从广东打到武汉、南京、上海，使革命区域由珠江流域扩展到长江流域，席卷半个中国。 ● 1927 年 4 月 12 日，"四·一二"反革命政变，蒋介石国民党反动派在上海查封革命组织，捕杀共产党员和革命群众。 ● 1927 年 4 月 18 日，蒋介石在南京宣布国民政府成立，宁汉对抗局面形成。 ● 1927 年 7 月 12 日，中共中央进行改组，停止了中央委员会总书	■ 1926—1927 年，法国先后同罗马尼亚和南斯拉夫缔结友好条约，以抑制德国，反对苏联。 ■ 1927 年 4 月，美国电话电报公司开设了美国第一个长距离电视广播。 ■ 1927 年 7 月，日本内阁抛出"田中奏折"与大陆政策，将其征服

中国	外国	年代
记陈独秀的领导。	中国、亚洲以至称霸世界的侵略步骤具体化。	
● 1927 年 7 月 15 日，汪精卫召开国民党中央常务委员会会议，讨论"分共"问题，通过三项决议，这就是"七·一五"政变，第一次国共合作最终破裂，国民革命失败。	■ 1927 年 7 月，世界上第一架电动呼吸器（铁肺）在美国纽约市一家医院投入使用。	
● 1927 年 8 月 1 日，周恩来、贺龙等领导南昌起义，打响了武装反抗国民党反动派的第一枪，标志着中国共产党独立领导革命战争和创建人民军队的开始。	■ 1927 年 8 月，美、英、日在瑞士日内瓦举行三国海军裁军会议。	
● 1927 年 8 月 7 日，中共中央在湖北汉口召开紧急会议，确定了土地革命与武装反抗国民党反动派的总方针，成立新的中央临时政治局，史称"八七会议"。		
● 1927 年 11 月，彭湃领导的海陆丰农民起义，分别组建了工农兵代表大会与县苏维埃政府。	■ 1927 年 11 月，世界第一条水下隧道在美国建成通车。	
	■ 1927 年 12 月，英国承认伊拉克独立。	
● 1928 年 4 月，国民革命军进行第二次北伐，以彻底消灭张作霖	■ 1928—1936 年，法国建造了著名的阵地工事——马其诺防线，	◀ 1928

年代	中国	外国
	的势力，实现中国统一。	以使法国在防御上固若金汤。

● 1928 年 6 月 4 日，张作霖的专列在沈阳近郊皇姑屯被日本关东军炸毁，张重伤不治身亡，史称"皇姑屯事件"。

● 1928 年 7 月，张学良宣布就任东三省保安总司令兼奉天保安司令职务，确立了自己在东北三省的领袖地位。

■ 1928 年 8 月 27 日，德、美、法、英等 15 国在巴黎签订了《关于废弃战争作为国家政策工具的一般条约》，即《非战公约》，第一次正式宣布在国家关系中放弃以战争作为实行国家政策的工具，从而在国际法上奠定了互不侵犯原则的法律基础。

● 1928 年 12 月 29 日，张学良宣布，遵守三民主义，服从国民政府。中国至此初步获得了形式上的统一与稳定。

● 1928—1930 年，中共在全国各地建立起大小十几块农村革命根据地，分布在赣、闽、湘、鄂、桂、粤、皖、浙、陕等省份。

■ 1928 年，俄国出生的美国发明家兹沃里金研制成功电视显像管。

■ 1928 年，英国细菌学家弗莱明成功研制青霉素。

● 1928 年，毛泽东先后撰写《中国的红色政权为什么能够存在？》《井冈山的斗争》等文章，创造性地提出并阐明了工农武装割据的思想。

1929 ▶ ● 1929 年 1 月，毛泽东、朱德、陈毅率领红四军主力进军赣南，

■ 1929 年，英国广播公司开始试播电视。

中国	外国	年代
相继开辟赣南、闽西革命根据地。	■ 1929 年，德国重新成为欧洲首屈一指的经济大国，为其在政治上重新走进西方大国行列和进一步摆脱《凡尔赛条约》束缚打下基础。	
	■ 1929 年 12 月，印度国大党首次提出争取印度完全独立的口号，开展了第二次不合作运动。	
● 1929 年 12 月，邓小平、张云逸等领导广西百色起义。	■ 1929—1933 年，世界资本主义经济危机。	
● 1930 年 3 月 2 日，中国左翼作家联盟成立，简称"左联"。	■ 1930 年 3 月，甘地带领 80 名非暴力反抗者，行程 240 英里徒步前往西海岸，自取海水制盐，以示破坏食盐专卖法，这次象征性的挑战，被称为"食盐长征"。	◀ 1930
● 1930 年 5—10 月，冯玉祥、阎锡山、李宗仁联合反蒋的"中原大战"，以蒋介石获胜告终。	■ 1930 年 6 月底，协约国军队全部撤出德国领土。	
● 1930 年 10 月—1931 年 9 月，中央苏区红军先后三次粉碎国民党军的"围剿"，使红军和根据地都得到了很大发展。		
● 1931 年 5 月 27 日，汪精卫等在广州召开国民党中央执监委员非	■ 1931 年 5 月，奥地利信贷银行破产，标志着欧洲金融信贷危	

年代	中国	外国
	常会议。5月28日，国民政府成立，与以蒋介石为首的南京国民政府公开对立，史称"宁粤对立"。	机的开始。
	● 1931年9月18日，日本关东军在沈阳北郊的柳条湖附近炸毁南满铁路一段路轨，嫁祸中国东北军，并以此为借口向中国军队驻地发起攻击，史称"九·一八"事变。	
	● 1931年11月—1934年10月，江西瑞金中华苏维埃共和国临时中央政府时期，这个以工农为主体的人民民主政权，是中共领导与管理国家的初步尝试。	■ 1931年11月，英国和英联邦国家陆续联合起来，组成英镑集团。
	● 1931年11月，召开中华苏维埃第一次全国代表大会，选举产生了中华苏维埃共和国临时中央政府。	■ 1931年12月，英国议会通过《威斯敏斯特法》，批准了1926年帝国会议的决议。
1932	● 1932年1月28日，"一·二八"事变，日军蓄意进攻上海驻军，中国军队被迫奋起反抗，最终以败退告终，日军也受到重创。	■ 1932年，德国高分子化学家施陶丁格发表了第一部高分子化学论著《高分子有机化合物》，标志高分子化学这一新学科的诞生。
	● 1932年3月1日，日本扶植成立"满洲国"，以长春为"首都"，溥仪出任"执政"。	■ 1932年，英国在渥太华举行英联邦会议，决定在英帝国内部建立关税优惠制。

中国	外国	年代
	■1932 年，德国纳粹党成为议会第一大党。	
	■1932 年 5 月 15 日，日本发生"五·一五"事件，以士官学校学生为主体的陆海军法西斯分子袭击首相官邸、警视厅、日本银行等，首相犬养毅被杀。日本的政党内阁时期结束。	
●1933 年 1—3 月，国民党对中央苏区发动第四次"围剿"，以失败告终。	■1933 年，苏联医生费拉托夫移植异体角膜成功，这是器官移植成功的第一个案例。	◀**1933**
●1933 年 2 月 7 日，川陕苏维埃政府在四川通江县成立，川陕苏区发展成仅次于中央苏区的新苏区。	■1933 年 1 月 30 日，德国总统兴登堡任命希特勒为总理，魏玛共和国告终，德国进入法西斯专政时期。	
●1933 年 2 月 21 日，日军大举进攻热河，驻扎热河的东北军放弃抵抗，十余日时间全省宣告沦陷。		
●1933 年 3 月，日军向长城各口大举进攻，中国军队奋起进行长城抗战。	■1933 年 3 月，德国国会通过《授权法》，授予希特勒政府以为期四年的独裁权力，在此期间，政府无需国会和参议院同意就有权颁布法律。此后，议会名存实亡，资产阶级议会民主制在德国不复	

年代	中国	外国
		存在。

外国栏：

■ 1933 年 3 月 9 日—6 月 16 日，美国国会应总统罗斯福的要求，制定了一系列应急立法，被称为"百日新政"。

■ 1933 年 3 月 9 日，美国国会通过《紧急银行法案》，授权总统对银行进行个别审理。

■ 1933 年 5 月 12 日，美国国会颁布《农业调整法》，这是罗斯福企图对全国农产品的生产和销售进行调节的尝试。

中国栏：

● 1933 年 5 月 26 日，冯玉祥、吉鸿昌等爱国将领在张家口建立察哈尔抗日同盟军，举起抗日大旗。

● 1933 年 5 月 31 日，长城抗战后，中日签订《塘沽协定》，规定冀东地区为"非武装区"，整个华北门户洞开。

● 1933 年 9 月，中共满洲省委根据中共中央的指示精神，对东北抗日游击队整编，组成东北人民革命军，成为东北抗日游击战争的主力。

● 1933 年 11 月 20 日，李济深等人以第十九路军为主力，在福建

外国栏：

■ 1933 年 6 月 16 日，美国国会通过《全国工业复兴法》，企图依靠国家和垄断组织联合的力量，把资本主义生产的无政府状态纳入有控制的轨道。

■ 1933 年 10 月，德国宣布退出裁军会议和国际联盟，毫不掩饰地进行扩军。

■ 1933 年 11 月，苏联与美国互换照会，决定建立两国间外交关系。

中国	外国	年代
举兵抗日反蒋，史称"福建事变"。	■ 1934年,美国及其属地、菲律宾、加拿大及大多数拉美国家组成美元集团（1939年改称美元区）。	
● 1934年3月，日本把"满洲国"改称"满洲帝国"，溥仪由"执政"改称"皇帝"，年号改为"康德"。	■ 1934年2月6日，法国右派势力和法西斯组织纠集一些暴徒冲击国民议会，与警察发生冲突，但法西斯分子妄图解散议会、夺取政权的阴谋未能得逞。	
● 1934年10月10日，第五次反"围剿"失败后，中共中央、中央革命军事委员会从瑞金出发，率领主力红军和中央、军委直属的8万余人，向湘西实行战略转移。	■ 1934年8月，经过所谓的公民投票，希特勒成为"元首兼国家总理"，集党政军大权于一身。	
● 1935年1月15—17日，遵义会议，总结了第五次反"围剿"的经验教训，结束了"左"倾冒险主义在党中央的统治，确立了毛泽东在红军和党中央的领导地位。	■ 1935年，意大利侵略埃塞俄比亚，在非洲和地中海区域打破了凡尔赛体系。	◀ 1935
	■ 1935年3月，德国公开撕毁《凡尔赛条约》限制德国军备的条款，宣布实行普遍兵役制。	
	■ 1935年5月，苏联先后同法国、捷克斯洛伐克签订《互助条约》。	
● 1935年6月中旬，中央红军与	■ 1935年6月，英、德签订《海	

年代	中国	外国

从川陕苏区退出的红四方面军在四川懋功会师。

● 1935 年 8 月 1 日，中共驻共产国际代表团以中华苏维埃政府和中共中央的名义，发表了《为抗日救国告全体同胞书》，又称《八一宣言》，号召停止内战，一致抗日。

● 1935 年 10 月 19 日，毛泽东与中共中央率领部分红军到达陕北吴起镇，先期结束了长征。

● 1935 年，驻华日军为进一步侵略中国而策动华北各省脱离南京中央政府，实行"自治"，制造了一系列事件，统称"华北事变"。

● 1935 年 12 月 9 日，北京数千名青年学生举行声势浩大的抗日救亡游行，向国民党北平当局请愿，遭到国民党军警镇压，史称"一二·九"运动。

军协定》，英国与德国一起破坏了《凡尔赛条约》。

■ 1935 年 6 月 27 日，美国国会通过《全国劳工关系法》，即《华格纳法》，这是"新政"中最剧烈的立法革新之一，用政府的力量支持劳工的集体谈判权。

■ 1935 年 8 月，美国国会通过《社会保险法》，改变过去由民间团体自助自救或由慈善团体提供救助的传统，开始了美国的"福利主义"试验。

■ 1935 年 10 月 —1936 年 5 月，意大利侵略、吞并埃塞俄比亚，意大利国王自封为埃塞俄比亚皇帝。

中国	外国	年代
● 1935 年 12 月 17—25 日，中共中央瓦窑堡会议，总结了两次国内革命战争的基本经验，批评了"左"倾关门主义，制定了抗日民族统一战线的策略路线，推动了全国抗日民主运动的发展。		
● 1936 年 1 月 28 日，上海各界救国联合会成立，沈钧儒为主席，统一领导上海的抗日救国运动。	■ 1936 年 2 月 26 日，日本发生"二·二六"事件，陆军法西斯派别皇道派的青年军官发动叛乱，要求解散议会，建立"维新内阁"，后被镇压。	◀ 1936
	■ 1936 年 3 月 7 日，德军进驻莱茵非军事区，单方面废除了《凡尔赛条约》和《洛迦诺公约》相关条款。	
● 1936 年 5 月，全国各界救国联合会在上海成立，任务是促成全国各实力派合作抗敌。	■ 1936 年 5 月，苏联制定新宪法，宣告第一个社会主义国家建成，也标志斯大林创建的经济政治体制的形成。	
	■ 1936 年 5 月，金日成在朝鲜建立抗日民族统一战线组织——祖国光复会。	
● 1936 年 6 月，埃德加·斯诺来到陕北，采访中国共产党和红军领导人后，撰写成《红星照耀中国》（又名《西行漫记》）一书。		

年代	中国	外国
		■ 1936 年 7 月，西班牙佛朗哥将军发动叛乱，内战爆发。
		■ 1936 年 9 月—1937 年 3 月，马德里保卫战，西班牙共和国军民击退了叛军四次大规模进攻。
	● 1936 年 10 月，红二、四方面军先后在甘肃会宁县和静宁县与红一方面军会师，至此，红军长征结束。	■ 1936 年 10 月，西班牙共和国政府批准成立国际纵队，来自世界各国的志愿人员在保卫马德里及其他一些战役中，发挥了重要作用。
	● 1936 年 11 月 23 日，国民政府以所谓的"危害民国"罪名，逮捕了全国各界救国联合会领袖沈钧儒、章乃器、邹韬奋、李公朴、王造时、沙千里、史良七人，制造了"七君子事件"。	■ 1936 年 11 月，德、意结成"罗马—柏林轴心"。
		■ 1936 年 11 月，日本与德国签订《反共产国际协定》。
1937 ▶	● 1936 年 12 月 12 日，张学良、杨虎城在西安实行兵谏，迫使蒋介石同意停止内战，联共抗日，这就是"西安事变"。	■ 1936 年，英国迫使埃及法鲁克王朝签订《英埃 20 年同盟条约》，英国可以在运河区驻军，有使用埃及基地、港口等特权。
	● 1937 年 7 月 7 日，日本军在北平西南卢沟桥附近演习，声称一名士兵"失踪"，要进中国守军驻地宛平城搜查，遭拒绝，日本发动炮击，中国守军奋起抵抗，"七·七	■ 1937 年 5 月，美国国会通过《1937年中立法》，即《永久中立法》。

中国	外国	年代

事变"爆发，全民族抗战开始。

● 1937 年 8 月 7 日，国民政府确定以"持久消耗战"作为中国抗战的战略方针，即军事上采取持久战略，"以空间换时间"，逐次消耗敌人，以转变敌我优劣形势，争取最后胜利。

● 1937 年 8 月 13 日—11 月 12 日，淞沪会战，中国守军坚守三个月，使日军被迫转移战略主攻方向，三个月灭亡中国的妄想破灭。

● 1937 年 8 月 22—25 日，中共中央洛川会议，通过《中国共产党抗日救国十大纲领》和《关于目前形势与党的任务的决定》。

● 1937 年 9 月，陕甘宁革命根据地苏维埃政府改名为边区政府，林伯渠任主席。

● 1937 年 9 月 22、23 日，国民党中央通讯社发表《中共中央为公布国共合作宣言》；蒋介石公开发表《对中国共产党宣言的谈话》承认中共的合法地位，第二次国共合作正式形成。

年代	中国	外国
	●1937 年 9 月 25 日，平型关大捷，八路军在山西东北部的平型关伏击日军大获全胜，取得全国抗战开始后中国军队的第一个大胜利。	
	●1937 年 10 月 1 日—11 月 8 日，忻口、太原会战，历时一个月，中国军队毙伤日军 2 万余人，沉重打击了侵略者。	■1937 年 10 月，美国总统罗斯福针对发动卢沟桥事变的日本帝国主义，发表著名的"防疫演说"。
	●1937 年 10 月，聂荣臻领导创建了第一个敌后抗日根据地——晋察冀抗日根据地。	
	●1937 年 10 月—1939 年底，八路军、新四军先后创建晋绥、晋冀豫、山东、华中等多处敌后抗日民主根据地，抢占了战略要地，开辟了敌后战场，牵制了日军大量兵力。	
	●1937 年 11 月 20 日，南京国民政府迁往重庆，军事委员会迁往武汉。	■1937 年 11 月，意大利参加了德日《反共产国际协定》，三国轴心正式形成。
	●1937 年 12 月 13 日，日军攻陷南京，然后进行了长达 6 个星期的大屠杀，中国军民被枪杀和活埋者达 30 多万人。	■1937 年 11 月 24 日，国际联盟通过一项态度含糊暧昧的宣言，建议中、日双方"停止敌对行动和采取和平方法"，维持世界和平。

中国	外国	年代
● 1938 年 1—5 月，徐州会战，台儿庄战役，中国正面战场取得的第一场胜利，打破了日军"速战速决"的战略企图。		◀ **1938**
● 1938 年 3 月，蒋介石提议，成立中国国民党中央执行委员会调查统计局，"中统"由此形成，除进行反共颠覆活动外，还对国民党内及国内的思想言论进行严密的控制。	■ 1938 年 3 月 13 日，希特勒与奥地利总理签署《关于奥地利和德国重新统一法》，独立的奥地利灭亡。	
● 1938 年 6—10 月，武汉保卫战，抗日战争战略防御阶段规模最大的一次战役，毙伤日军 3 万余人，迫使日军停止战略进攻，此后抗日战争进入战略相持阶段。	■ 1938 年 6 月，美国国会通过《公平劳动标准法》，即关于最低工资和最高工时的立法。	
● 1938 年 7 月，战时民意机构国民参政会在汉口成立。	■ 1938 年 7 月和 1939 年 5—8 月，日本关东军先后挑起张鼓峰事件和诺门坎事件，两次与苏军的武装冲突均遭失败。	
● 1938 年 9 月，戴笠掌管的特务处升格为"国民政府军事委员会调查统计局"，即"军统"，主要职责是通过政治暗杀的方式，消除异己，捍卫蒋介石的统治权威。	■ 1938 年 9 月，印度国大党在甘地支持下，派遣了包括柯棣华、巴苏等 5 人组成的援华医疗队，支持中国抗日战争。	
	■ 1938 年 9 月 30 日，英、法、德、意四国在慕尼黑签署了《关于捷	

年代	中国	外国
		克斯洛伐克割让苏台德领土给德国的协定》，即《慕尼黑协定》，英、法绥靖政策达到了顶峰。
		■ 1938 年 11 月 3 日，日本首相近卫文麿发表《建设东亚新秩序的声明》，希望通过政治谈判，彻底解决中国问题。
	● 1938 年 12 月 29 日，汪精卫发表致重庆中央党部、蒋介石等人的"和平建议"电报，表明汪精卫集团彻底叛国投敌，也表明国民党内的重大分裂。	■ 1938 年 11 月，美国总统罗斯福严厉谴责纳粹政权残酷迫害和屠杀犹太人，并召回美国驻德大使。
	● 1938 年，毛泽东先后发表《抗日游击战争的战略问题》《论持久战》等文章，对中共的抗日战略做了系统的梳理与总结。	
1939 ▶	● 1939 年 1 月 1 日，国民党中常会通过决议，永远开除汪精卫国民党党籍，撤销其一切职务，并下令通缉。	■ 1939 年 1 月，美国总统罗斯福在致国会的咨文中发出重整军备的号召，指出应增加防御性武器以震慑轴心国。
	● 1939 年 1 月—1940 年 3 月，敌后战场的八路军和新四军在华北、华中开展了广泛的游击战，粉碎了日军对根据地的"扫荡"，巩固	

中国	外国	年代
了边区。		
● 1939 年 1 月 21—30 日，国民党五届五中全会在重庆召开，中心议题是继续抗战、防共、溶共，秘密制定《限制异党活动办法》，设立"防共委员会"。		
● 1939 年 3 月—1940 年 6 月，中日先后进行了南昌会战、随枣会战、枣宜会战，在江陵、宜昌、荆门、信阳一线形成对峙。	■ 1939 年 3 月，德国陆续吞并了捷克斯洛伐克的斯洛伐克、波西米亚、摩拉维亚。	
	■ 1939 年 3 月，佛朗哥叛军进入马德里，西班牙内战结束。	
● 1939 年 4 月，陕甘宁边区政府公布《土地条例》。	■ 1939 年 4—8 月，英、法、苏三国进行了关于缔结互助条约的谈判。	
● 1939 年 7 月，汪精卫公开声明与日本合作。		
● 1939 年 8 月，汪精卫在上海非法召开国民党第六次全国代表大会。	■ 1939 年 8 月 23 日，苏联同德国签订为期十年的《苏德互不侵犯条约》。	
	■ 1939 年 9 月 1 日，德军向波兰发动突然袭击。	
	■ 1939 年 9 月 3 日，英、法先后对德宣战，第二次世界大战在欧	

年代	中国	外国
		洲爆发。

■ 1939年9月3日—1940年5月9日，英、法对德宣而不战，这种奇特现象被称为"静坐战""假战争"或"奇怪战争"。

● 1939年9月14日—10月15日，第一次长沙会战，中、日双方进入战略相持阶段后第一次大规模的军事较量，中国军队的顽强抵抗使日军被迫撤退，没有实现其占领长沙的战略意图。

■ 1939年9月17日，苏军侵入波兰境内的西乌克兰和西白俄罗斯地区，不久，将其并入苏联的乌克兰和白俄罗斯两个加盟共和国。

■ 1939年11月—1940年3月，苏、芬战争，芬兰战败，被迫签订和约。

● 1939年底—1940年春，国民党在华北掀起第一次反共高潮，被八路军打退。

■ 1939年底，美国修改《中立法》，规定允许出售军火，但要现款自运，实际有利于海运力量优势明显的英法购买军火。

1940
● 1940年3月，中共中央发出《抗日根据地的政权问题》的指示，指出中共在华北、华中等地建立的抗日民主政权，是统一战线性质的政权，明确规定抗日民主政权工作人员构成实行"三三制"。

■ 1940年3月，印度穆斯林联盟拉合尔代表大会通过《巴基斯坦决议》，要求在穆斯林聚居地区建立"清真国"，与印度斯坦并存。

● 1940年3月30日，日本傀儡政

中国	外国	年代

中国

府——汪伪南京"国民政府"宣告成立。

● 1940 年 6 月 3 日，中共中央作出《关于目前国民党区学生工作的几个决定》。

● 1940 年 6 月，晋西北反"扫荡"开始。

● 1940 年 8 月 20 日—12 月初，八路军在彭德怀指挥下，在华北地区对日军发动了一场大规模的进攻，即"百团大战"，有力回击了日军的"囚笼政策"与侵略气焰，提高了共产党和八路军的威望。

外国

■ 1940 年 5 月 26 日—6 月 4 日，敦刻尔克大撤退，被德军围困在敦刻尔克海岸地区的英、法联军成功渡海撤到英国，保存了有生力量。

■ 1940 年 6 月 14 日，法国巴黎被德军占领。

■ 1940 年 6 月 18 日，戴高乐在英国广播电台发表演说，高举"自由法国"的旗帜，在海外殖民地组织抵抗运动。

■ 1940 年 6 月 22 日，法、德停战协定签订，法国北部和西部主要工业区为德国占领；西南部非占领区由贝当政府统治，政府所在地设在维希。

■ 1940 年 8 月，波罗的海沿岸的爱沙尼亚、拉脱维亚、立陶宛三国被分别"接纳"作为苏联的加盟共和国。

■ 1940 年 9 月，德、意、日三国在柏林签署《三国同盟条约》，正式结成军事同盟。

■ 1940 年 11 月 —1941 年 3 月，匈牙利、罗马尼亚、保加利亚三

年代	中国	外国
1941	● 1941 年 1 月 6 日，皖南事变，国民党在华中针对新四军的第二次反共高潮的最高峰，新四军军部及其所属皖南部队 9000 多人在泾县茂林地区，遭国民党军队伏击，损失惨重。 ● 1941 年 1 月 20 日，中共中央发布命令，在江苏盐城重建新四军军部，陈毅代理军长，继续在长江南北坚持抗战。 ● 1941 年 7 月，日伪军开始在华中地区开展各领域的"清乡运动"，以巩固其统治。	国分别加入德、意、日三国军事同盟，成为法西斯集团的附庸。 ■ 1941 年 3 月，美国国会通过《租借法案》，授权总统向对美国防务至关重要的国家提供各种援助。 ■ 1941 年 4 月 13 日，日本与苏联在莫斯科签订《日苏中立条约》。双方互相保证在中国的势力范围，苏联承认伪"满洲国"，严重损害了中国主权。 ■ 1941 年 6 月 22 日，德国对苏联发动突然袭击，苏德战争爆发。 ■ 1941 年 8 月 14 日，罗斯福和丘吉尔发表《大西洋宪章》，宣称不承认法西斯国家通过侵略造成的领土变更，表示了反纳粹暴政的决心。 ■ 1941 年 9—12 月，莫斯科保卫战，是德国陆军在二战中遭到的

中国	外国	年代

第一次沉重打击，标志德国闪电战的破产。

● 1941 年 12 月 23 日，中、美、英联合军事会议在重庆举行，签订了《中英共同防御滇缅路协定》，中美英结成军事同盟。

■ 1941 年 12 月 7 日，日本舰队用舰载机对美国珍珠港基地发动突然袭击，美国港内的太平洋舰队几乎覆灭，太平洋战争爆发。

● 1941 年 12 月—1943 年 12 月，中日军队先后进行了第三次长沙会战、浙赣会战、鄂西会战、常德会战，打破了日军的战略企图。

■ 1941 年 12 月，美国开始实施制造原子弹的计划，后被称为"曼哈顿计划"。

● 1941—1942 年，日军对华北抗日根据地连续进行了五次"治安强化运动"，实行烧光、杀光、抢光的"三光"政策，给抗日根据地造成极大破坏。

■ 1942 年 1 月 1 日，26 个国家在华盛顿签署《联合国家宣言》，标志国际反法西斯统一战线最终形成。

◄ 1942

● 1942 年 3 月，蒋介石命中国战区参谋长史迪威指挥中国远征军出师缅甸，开辟了联结中国战区和太平洋战区的滇缅战场。

● 1942 年 4 月 16 日，仁安羌战役，中国远征军以少胜多，成功解救被围困的英缅军 7000 多人。

● 1942 年 5 月，日军开始"五一"大扫荡，实行"三光"政策。

■ 1942 年 5 月为止，日军陆续占领了暹罗、香港、马来亚、菲律宾、

年代	中国	外国
	● 1942 年 5 月，日军在中国战场实施"以战养战"的浙赣会战。	缅甸、印尼及太平洋和大洋洲许多岛屿，打开了通向印度洋的通道。

● 1942 年 5 月，日军在中国战场实施"以战养战"的浙赣会战。

缅甸、印尼及太平洋和大洋洲许多岛屿，打开了通向印度洋的通道。

■ 1942 年 5 月 4—8 日，日本与美英舰队在西南太平洋的珊瑚海大战，这是世界战争史上第一次由航空母舰之间对抗的海战，美英成功阻止了日军对澳大利亚的进攻。

■ 1942 年 6 月 4—7 日，日本与美国舰队在中太平洋的中途岛进行大战。日军损失惨重，从此丧失了中太平洋的战略主动权，太平洋战争出现转折。

■ 1942 年 7—11 月，阿拉曼战役，德、意军队与英军在北非进行的一场二战中规模最大的沙漠消耗战，德意军队失败，北非战局由此出现转折。

■ 1942 年 7 月—1943 年 2 月，斯大林格勒会战，苏德战争中历时最长、最激烈的一次战役，苏军的顽强抵抗使希特勒南线作战计划彻底破产。

■ 1942 年 8 月 7 日—1943 年 2 月 7 日，瓜达尔卡纳尔岛之战，是美、日在西南太平洋进行的一场陆海

中国	外国	年代
● 1943 年 1 月 11 日，"四三年废约"，中国同美、英分别签订了平等的《中美新约》和《中英新约》，废除了过去的不平等条约（其他一些在华享有特权的国家随后也相继与中国签订了平等新约），恢复和实现了完整独立的国家主权。	空协同进行的岛屿争夺战，日本陆军在太平洋战争中第一次遭到惨败。 ■ 1942 年 9 月，美国成立军事政策委员会，领导制造原子武器的工程计划，代号为"曼哈顿工程"。 ■ 1942 年 12 月，在费米领导下，芝加哥大学建立了世界上第一座核反应堆，为人工利用原子能开辟了道路。 ■ 1943 年 5 月，法国"全国抵抗运动委员会"成立，组建"内地军"进行抗战。 ■ 1943 年 5 月 13 日，被压缩在突尼斯北部的德、意军队全部投降，非洲战事结束。 ■ 1943 年 6 月 3 日，法兰西民族解放委员会作为法国的中央政权在阿尔及利亚成立。 ■ 1943 年 7 月 5 日—8 月 23 日，库尔斯克战役，双方在普罗霍洛夫卡展开了二战中最大规模的坦克战，德军损失惨重，在苏德战场的最后一次攻势以失败告终。	◀ 1943

年代	中国	外国
		此后，苏军完全掌握战略主动权，并展开全线反攻。

外国

■ 1943 年 7 月 25 日，意大利发生政变，墨索里尼下台。

中国

● 1943 年 10 月 30 日，中、美、英、苏在莫斯科签署《关于普遍安全的宣言》，即《莫斯科宣言》，宣告四国将采取联合行动，继续对轴心国的战争，中国作为同盟国四大国之一的地位确立。

● 1943 年 11 月 26 日，美、英、中三国首脑签署《开罗宣言》，宣告日本窃取的中国领土归还中国。

■ 1943 年 11 月 28 日，苏、美、英三国在德黑兰举行战时第一次首脑会议，商定美英军队将从法国北部登陆开辟第二战场。

■ 1943 年 11 月，联合国善后救济总署成立，这是第一个正式成立的联合国机构，旨在向战争受害者提供援助。

● 1944 年 4—12 月，豫湘桂战役，在 8 个月时间里，日军击溃约 100 万国民党军队，长驱直入，打通了纵贯中国南北的大陆交通线。

■ 1944 年 6 月 6 日，诺曼底登陆，战争史上规模最大的两栖登陆作战行动，盟军在法国北部的诺曼底半岛成功登陆，开辟了欧洲第二战场。

中国	外国	年代
● 1944 年 7 月 22 日—8 月 7 日，美军观察组抵延安，对中共及其领导下的军队进行了比较客观的考察，认为与中共进行军事合作具有可行性。	■ 1944 年 7 月 1—22 日，来自美、苏、中、法等 44 国的代表，在美国新罕布什尔州布雷顿森林举行联合国家货币金融会议，建立了布雷顿森林体系。	
● 1944 年 9 月 15 日，林伯渠在国民参政会三届三次会议上，代表中共提出废除国民党一党专政，召开各党派会议，成立民主联合政府的主张。	■ 1944 年 8 月 25 日，法国人民在戴高乐指挥的装甲部队协同下，解放了首都巴黎。	
● 1944 年 11 月 10 日，美总统特使赫尔利与中共达成关于建立民主联合政府、联合军事统帅部以及承认中共合法地位等五项协定，美国对华政策发生变化。	■ 1944 年 8—9 月，美、英、苏、中四国代表在美国敦巴顿橡胶园举行会议，就创建新的国际组织达成内容广泛的协议。	
● 1945 年 1 月，中国远征军与中国驻印度军队在芒友会师。	■ 1944 年底，苏联收复了几乎全部国土，并解放了罗马尼亚、保加利亚、波兰、捷克斯洛伐克、南斯拉夫、匈牙利、芬兰、挪威的部分国土，芬、罗、保、匈等国退出战争。	◀ 1945
	■ 1945 年 2 月，美、英、苏三国首脑在苏联克里米亚半岛的雅尔塔会晤，旨在协调盟国最后战胜法西斯的步伐，对联合国的建立也起了一定积极作用，对战后国际关系格局的形成具有深远影响。	
	■ 1945 年 3 月，阿拉伯国家联盟	

年代	中国	外国
		在开罗成立,旨在维护阿拉伯国家的共同利益。
		■ 1945 年 4 月 12 日,美国总统罗斯福去世,副总统杜鲁门继任总统。
	● 1945 年 4 月 23—6 月 11 日,中共"七大"在延安召开,提出建立民主联合政府的主张。	
	● 1945 年 4—7 月,国民党军队反攻(广西)桂林、柳州,收复广西、福建、浙江、江西等失地。	
		■ 1945 年 5 月 2 日,苏军攻克德国首都柏林。
	● 1945 年 5 月 5—21 日,中国国民党第六次全国代表大会在重庆召开,明确拒绝中共及各民主党派要求召开党派会议、结束国民党一党专政、成立民主联合政府的主张。	■ 1945 年 5 月 9 日,欧洲战场的反法西斯战争胜利结束。
		■ 1945 年 7—8 月,美、英、苏三国首脑在波茨坦举行会晤,着重讨论了战后世界的安排,会后发表《波茨坦公告》,敦促日本无条件投降。
		■ 1945 年 7 月 16 日,在美国新墨西哥州的一片荒漠上,成功爆炸了世界上第一颗原子弹。
		■ 1945 年 8—9 月,朝鲜人民革命军在苏军帮助下解放了朝鲜北部;美军仁川登陆,以"三八线"为

中国	外国	年代
	界进驻朝鲜南部，日本长达36年的殖民统治结束。	
●1945年8月10—11日，中国解放区抗日军总司令朱德连续发布对日军展开全面反攻及受降等七道命令，各解放区组织反攻大军，向日伪军发起全面反攻。	■1945年8月6、9日，美国在日本广岛和长崎投掷原子弹，造成20多万居民伤亡。	
	■1945年8月8日，苏联根据《雅尔塔协定》对日宣战。	
●1945年8月15日，中国民主同盟发表《在抗战胜利声中的紧急呼吁》，提出"民主统一、和平建国"的口号。	■1945年8月15日，日本接受《波茨坦公告》，宣布无条件投降。	
	■1945年8月17日，苏加诺宣告印度尼西亚共和国独立。	
●1945年8月28日，毛泽东、周恩来、王若飞在张治中、赫尔利的陪同下飞抵重庆，进行国共谈判。	■1945年9月2日，胡志明宣告越南民主共和国正式成立。	
●1945年9月9日，中国在南京接受日本代表投降，中国抗日战争取得最后胜利。	■1945年9月2日，日本投降的签字仪式在东京湾的美国军舰"密苏里"号上举行，反法西斯的第二次世界大战胜利结束。	
●1945年10月10日，国共双方达成《国民政府与中共代表会谈纪要》，即《双十协定》，双方一致同意和平建国的基本方针。	■1945年10月24日，《联合国宪章》正式生效的这一天被定为联合国日。	

年代	中国	外国
		■ 1945 年 11 月 20 日，欧洲国际军事法庭在德国纽伦堡开庭，对 21 名纳粹德国首要战犯审讯和判决。
	● 1945 年 12 月 15 日，美国总统特使马歇尔启程来华"调停"内战。	
	● 1945 年 12 月 16 日，以民族工商业者为主体的中国民主建国会在重庆成立。	
	● 1945 年 12 月 20 日，救国会改名为中国人民救国会，沈钧儒当选主席。	■ 1945 年 12 月 27 日，国际货币基金组织和国际复兴开发银行（世界银行）正式成立。
	● 1945 年 12 月 30 日，中国民主促进会在上海成立。	■ 1945 年底，美国宾夕法尼亚大学的莫克利研制成功第一台电子计算机。
		■ 1945 年，美籍奥地利生物学家贝塔朗菲创立系统论，在论文《关于一般系统论》中正式提出系统论是一门研究系统的模式、原则和规律，并对其功能进行数学描述的科学。
	● 1946 年 1 月 10 日，国共两党签署《关于停止国内冲突的命令和声明》，由双方向所属部队发出停战令。	■ 1946 年 1 月 10 日—2 月 14 日，联合国第一届大会在伦敦举行，选举挪威外长吕格尔·赖伊为第一任秘书长。
1946 ▶	● 1946 年 1 月 10 日，政治协商	

中国	外国	年代

会议在重庆召开，各方围绕改组国民政府、施政纲领、军事问题、国民大会、宪法草案五个问题，进行了激烈斗争。

● 1946 年 4 月 15 日，国民党民主促进会在广州宣布成立。

● 1946 年 5 月 4 日，九三学社（原民主科学座谈会）在重庆召开成立大会。

● 1946 年 6 月 26 日，国民党军 22 万人大举进攻中原解放区，全面内战由此爆发。

● 1946 年 7 月，国民党特务先后暗杀了民主人士李公朴、西南联大教授闻一多。

● 1946 年 8 月 10 日，马歇尔与新任驻华大使司徒雷登发表声明，宣布"调处"失败。

● 1946 年 11 月 4 日，《中美友好通商航海条约》在南京签订。此后，国民党政府又陆续与美国签订一系列不平等条约，美国独占了中国的商品和投资市场。

■ 1946 年 1 月 19 日，东京审判开始，远东国际军事法庭对东条英机等 28 名战犯审讯和判决。

■ 1946 年 3 月 5 日，英国前首相丘吉尔在美国密苏里州的富尔敦发表名为《和平砥柱》的演说，又称"铁幕演说"，揭开了冷战的序幕。

■ 1946 年 6 月，意大利全民公决建立了共和国。

■ 1946 年 7 月，菲律宾群岛从美国获得独立。

■ 1946 年 11 月 3 日，美国占领当局主导制定的《日本国宪法》在国会获得通过，日本成为资产阶级议会制国家。

■ 1946 年 11 月 4 日，联合国教科

年代	中国	外国
		文组织成立，目的是增进各国在教育、科学、文化等方面的交流合作。 ■ 1946 年 12 月 24 日，法兰西第四共和国成立。 ■ 1946 年 12 月 —1954 年 7 月，印度支那战争，即越南人民的抗法战争。 ■ 1947 年 2 月 10 日，在巴黎正式签订《五国和约》，即对意大利、罗马尼亚、保加利亚、匈牙利和芬兰五个法西斯仆从国的和约。
	● 1947 年 3—8 月，中共西北野战军粉碎了国民党军对陕甘宁的重点进攻。 ● 1947 年 4—6 月，陈毅为司令员的华东野战军粉碎了国民党军对山东解放区的重点进攻。 ● 1947 年 5 月 20 日，国民党军警、特务殴打在南京举行联合请愿游行的青年学生，制造了震惊国内的"五·二〇"惨案。	■ 1947 年 3 月 12 日，美国总统杜鲁门在国会两院发表咨文，提出援助希腊和土耳其以对抗极权主义的威胁，这项政策声明被称为"杜鲁门主义"，标志冷战的爆发。 ■ 1947 年 6 月 3 日，德里和伦敦同时公布以总督蒙巴顿名字命名的移交印度政权方案，即"蒙巴顿方案"。

中国	外国	年代
● 1947年6月30日，刘邓大军挺进中原。 ● 1947年7月22日—8月24日，美国总统特使魏德迈来华调查，以对中国现在及未来的情况做出估量。 ● 1947年7—9月，中共中央工作委员会在河北西柏坡召开全国土地会议，制定了《中国土地法大纲》，广大农村形成土地改革热潮，人民解放战争得到了农民有力支持。 ● 1947年10月10日，中国人民解放军总部发表《中国人民解放军宣言》，又名《双十宣言》，提出了"打倒蒋介石，解放全中国"的口号。	■ 1947年6月5日，美国国务卿马歇尔提出"欧洲复兴计划"，即"马歇尔计划"。 ■ 1947年7月18日，英国议会正式通过《印度独立法案》，宣布在印度境内成立两个独立的自治领：印度和巴基斯坦。 ■ 1947年9月，欧洲九国共产党和工人党情报局成立。 ■ 1947年10月30日，美、英、中、法等23国签署《关税及贸易总协定》，标志国际贸易体系建立。 ■ 1947年11月29日，联合国大会通过"巴勒斯坦分治决议"，规定结束英国委任统治，建立两个国家：犹太国和阿拉伯国。 ■ 1947年12月，美国电话电报公司的贝尔实验室的三位科学家研制成第一支晶体管（即半导体），开始了以晶体管代替电子管的时代。	

年代	中国	外国
1948 ▶	● 1948 年 1 月 1 日，中国国民党革命委员会宣告成立，宋庆龄被推举为名誉主席。 ● 1948 年 5—6 月，国统区爆发了声势浩大的反美爱国运动。 ● 1948 年 9 月 12 日—11 月 2 日，中国人民解放军发动了战略决战的第一大战役——辽沈战役，东北全境解放。	■ 1947—1949 年，苏联同东欧国家签订了一系列双边条约，统称"莫洛托夫计划"。 ■ 1948 年 5 月 14 日，以色列建国，定都特拉维夫。 ■ 1948 年 5 月 15 日，阿拉伯联盟宣布对以色列进行"圣战"，巴勒斯坦战争爆发。 ■ 1948 年 6 月，南斯拉夫共产党被开除出情报局，造成战后国际共产主义运动的第一次分裂。 ■ 1948 年 6 月—1949 年 5 月，英、美、法宣布在西占区实行单方的货币改革，苏联以封锁柏林抗议，第一次"柏林危机"爆发。 ■ 1948 年 8 月 15 日，南朝鲜成立了大韩民国，以汉城（首尔）为首都，李承晚为总统。 ■ 1948 年 9 月 9 日，北朝鲜成立了金日成领导的朝鲜民主主义人民共和国，以平壤为首都。

中国	外国	年代
● 1948 年 11 月 6 日—1949 年 1 月 10 日，中国人民解放军发动淮海战役，基本解放了长江以北的华东、中原地区。		
● 1948 年 12 月 5 日—1949 年 1 月 31 日，中国人民解放军发动平津战役，基本解放华北全境。	■ 1948 年 12 月 10 日，联合国大会通过《世界人权宣言》，首次在世界范围内系统地提出了有关保护基本人权的具体内容和共同奋斗的目标。	
	■ 1948 年，美国数学家申农发表《通讯的数学理论》，创立信息论。	
	■ 1948 年，美国数学家维纳出版《控制论》，揭示了由信息和反馈构成的系统自动控制规律，创立控制论。	
● 1949 年 1 月 21 日，蒋介石被迫发表文告宣布"引退"，总统职务由副总统李宗仁代行。	■ 1949 年 1 月，苏联和东欧国家成立经济互助委员会（简称"经互会"）。	◀ **1949**
	■ 1949 年 1 月，美国总统杜鲁门提出"第四点计划"，即利用美国先进的科技和发达的工业同苏联、英法争夺不发达国家和地区。	
● 1949 年 2 月 3 日，中国人民解放军举行隆重的入城仪式，北平宣告和平解放。		
● 1949 年 3 月 5—13 日，中共在		

年代	中国	外国
	西柏坡召开七届二中全会，会议提出的重要理论思想、确定的各项方针政策，对于党夺取全国胜利，以及胜利后建设社会主义社会，具有重要的指导意义。 ● 1949 年 4 月 1—20 日，北平和平谈判，由于国民党政府拒绝在《国内和平协定》上签字，谈判宣告破裂。 ● 1949 年 4 月 21—23 日，中国人民解放军突破长江防线，占领国民党统治中心南京，宣告国民党在大陆的统治覆灭。 ● 1949 年 9 月 21 日，中国人民政治协商会议第一次全体会议在北平隆重召开，会议通过的《共同纲领》起着临时宪法的作用，是新中国第一部大宪章。 ● 1949 年 10 月 1 日，中华人民共和国宣告成立。	■ 1949 年 4 月 20—25 日，第一届世界保卫和平大会在巴黎和布拉格同时举行。 ■ 1949 年 4 月，北大西洋公约组织建立。 ■ 1949 年 8 月 29 日，苏联试爆原子弹成功，打破了美国的核垄断。 ■ 1949 年 9 月 20 日，德意志联邦共和国成立，定都波恩，阿登纳任总理。 ■ 1949 年，英国德·哈威兰公司研制出第一架喷气式客机。

中华书局

初版责编　陈洁　陈虎